陆象山名言

叶航 编译

江西教育出版社

·南昌·

赣版权登字-02-2024-615

图书在版编目（CIP）数据

陆象山名言 / 叶航编译. -- 南昌：江西教育出版社, 2025. 1. -- ISBN 978-7-5705-4578-0

Ⅰ. B244.85

中国国家版本馆 CIP 数据核字第 2024NG2830 号

陆象山名言
LU XIANGSHAN MINGYAN

叶航　编译

江西教育出版社出版

（南昌市学府大道 299 号　　邮编：330038）

出 品 人：熊　炽
责任编辑：曹　雯
封面设计：黄敏俊
书名题签：王　晖

各地新华书店经销
江西赣版印务有限公司印刷
710 毫米×1000 毫米　　16 开本　　17.5 印张　　200 千字
2025 年 1 月第 1 版　　2025 年 1 月第 1 次印刷

ISBN 978-7-5705-4578-0
定价：80.00 元

赣教版图书如有印装质量问题，请向我社调换 电话：0791-86710427
总编室电话：0791-86705643　　编辑部电话：0791-86705873
投稿邮箱：JXJYCBS@163.com　　网址：http://www.jxeph.com

作者简介

　　叶航，字杭之，号石泉翁，江西贵溪人，1964 年出生于贵溪县（今贵溪市）雄石镇北街复兴路，现任贵溪市社会科学界联合会秘书长。二十余年来潜心研究本土历史文化和陆九渊心学，出版有《岁月有痕》《苏邨圃传略》《信之大邑·贵溪》《贵溪地名故事》《痕》《天冠山诗集》《贵溪方言土语集》《陆象山用典》等著作，整理点校的《陆九渊全集》由上海古籍出版社出版发行。系中国民间文艺家协会会员，中华炎黄文化研究会会员，江西省书院研究会常务理事、作家协会会员，鹰潭市民间文艺家协会主席，贵溪市地方文化研究会主席。2023 年被江西省社会科学界联合会评为江西首届"最美社科人"。

行己有恥

博學於文

張謇

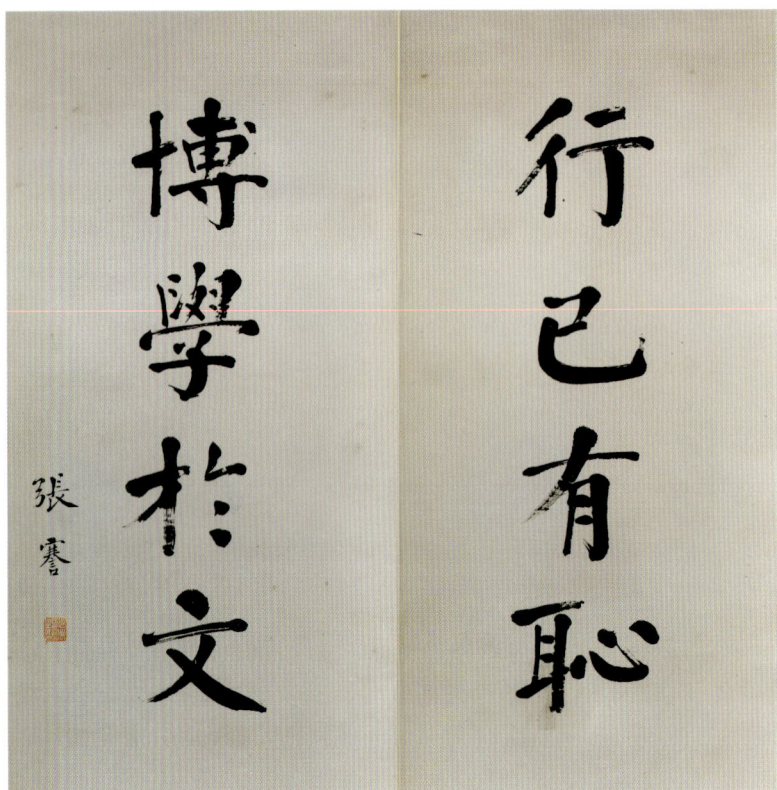

清光緒十九年（1893）五月，貴溪代理知县张督将象山书院从城东儒学头老当铺迁建至城北梅花墩故址（今贵溪市第二小学校址），张督的胞弟张謇（清末状元、中国近代实业家、政治家、教育家）为移建的象山书院集联"行己有耻　博学于文"。上下联分别出自《论语》中的《子路》及《颜渊》，《陆九渊全集》卷五《与徐子宜》、卷四《与刘淳叟》中也有引用。

序

    宋明理学就其主要学派而言，一般认为有程朱理学与陆王心学两派。也有学者主张此两派之外，还有气学一派，或所谓性学一派。然究其实，理学与心学仍为学界所普遍认同的两大流派，而气学或性学总不外乎理学，所突出者在于较为强调太虚气化或性为万物之一源。就心学而言，陆九渊可谓此一学派的创始者，他自称其学"因读孟子而自得之"，以孟子之学自任。宜乎王阳明直言"陆氏之学，孟氏之学也"。然而，宋儒为孟子之学者甚众，独独陆九渊因之而建立心学，则固有别会于心而所见所造自成一家者。同时，不可不了解的是，陆九渊心学也是北宋以来以二程为中心的理学思想发展的一大硕果。陆九渊自觉反省和总结了二程等理学家的思想系统，虽于小程时有批评，于大程则以为"通疏"。对于二程所倡导的道、理或天理等主要观念，他全盘接受，并且对这些观念内涵的理解也与二程基本一致。尤为值得关注的是，陆九渊常常强调"明理"二字，这与理学家几乎没有不同。所不同者，北宋理学家莫不论"心"，陆九渊则于"心"特有发明，青少年时期便于"宇宙"与"吾心"的关系有创辟的悟解，继而反复强调发明本心，此心此理先圣后圣莫不相同，归结起来就是"人同此心，心同此理"，"心即理也"。以"心"为其学术思想的核心观念,这是陆九渊心学的根本所在,也是他区别于二程及朱熹、张栻等理学家的实质所在。当然,陆九渊心学的"心"与"理"既可以"心即理"合一来看,也可以"本心天赋""此理充塞宇宙"二者区别来看。"心"与"理"有着怎样的复杂关系,这可能是陆九渊心学属于初创而又强调"易简"所导致的一个问题,也是仍待进一步研究的一个问题。

陆九渊心学的学术意义和历史影响,八百余年来早有共识,历代学者也都有关注和研究。当前,适逢大力倡导优秀传统文化创造性转化和创新性发展的新时代,陆九渊作为心学一派的开创者,依然值得学者进一步深入研究,其学思精蕴、名言佳句也值得向社会大众推广和普及。

有鉴于此,贵溪(南宋四大书院之一的象山书院所在地)的叶航(石泉先生)在校点《陆九渊全集》(上海古籍出版社 2022 年出版)的基础上,精选陆九渊名言 440 句编成《陆象山名言》,编次为本心、道理、立志、自省、修身、为人、劝学、为政、处世9 个篇章,各篇章相对独立,首尾贯通。一册在手,精蕴尽显。为避免句子冗长,部分名言只撷取其精华,以使陆九渊的思想能简洁明了地彰显出来。

在理学史上,为理学家作选编,最早当是杨时将二程讲学语编为《河南程氏粹言》,后由张栻润饰,便于学者了解二程理学精华。朱熹、吕祖谦编撰《近思录》,精选周、张、二程语,编为 14 卷,以为初学者入门之阶梯。此书成为历代研习理学的必读之书。理学的重要学说在于理气、心性、格物致知、主敬涵养等,长期以来的理学研究也着力于这些方面，这也是由理学本身的义理问题所决定的，并且仍然是需要进一步探讨的重要问题。可是，以《近思录》为例来看，理学实质上是一个立体的思想系统，不仅强调道体、格物穷理、存养、为学大要等纯学理的问题，也关注齐家、治国、制度等实际问题，并以体认圣贤气象为终极目的。套用流行的说法，《近思录》可谓内圣外王俱全。数百年来，总有一种对理学也包括心学的批评，以为理学家重心性义理，不重实际效用；重内圣，不重外王。就《近思录》来看，理学家是内外兼具，心性义理与齐家治国融通。这，应当是理学的本貌。

由此来看，石泉先生的《陆象山名言》也足以体现立体的象山，内圣外王兼具的象山。

石泉先生研读、整理陆九渊著述有年，对明清《象山集》诸版本进行了细致的校勘，校勘时也参考了中华书局本《陆九渊集》。可见本书并非他一时仓促之作，而是体现了其深厚功力和精思慎择。本书分篇条列象山语，一一注明出处，并逐条释义，颇便于读者了解陆九渊的名言佳句，可作为进一步研读《陆九渊全集》的入门读本。

总之，石泉先生的《陆象山名言》是陆九渊著作选编的一本佳作，是了解陆九渊心学的简便入门之书。相信该书对于推动陆九渊心学的普及与传播将起到积极的作用，由此或能引发有志者走上陆九渊研究的道路。这不仅是石泉先生的初衷，也是我的期盼。

是为序。

杨柱才

2024 年 4 月 28 日

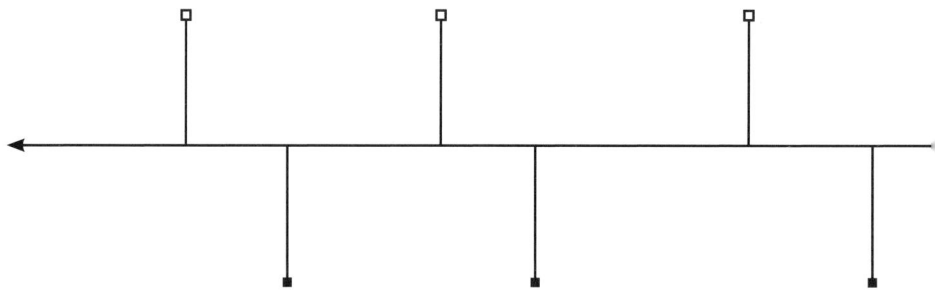

目录

第一章

本心篇

◎原句

人性本善，其不善者迁于物也。

——《陆九渊全集》卷三十四《语录上》

◎释义

人性本来是善良的，那些不善良的人是被物欲改变的。

◎原句

此心之良，本非外铄，但无斧斤之伐，牛羊之牧，则当日以畅茂。

——《陆九渊全集》卷五《与舒元宾》

◎释义

这心中的善良，本来就不是外力强加的，只要不受到砍伐树木的工具伤害，也不被放牧的牛羊啃食践踏，善良的本性就会自然而然地日益畅达茂盛。

◎原句

本心若未发明，终然无益。

——《陆九渊全集》卷四《与潘文叔》

◎释义

与生俱来的赤子之心（在受到蒙蔽和污染后），如果没有剥除蒙蔽、清除污染，让它重新彰显光明，那么无论做什么，终究是没有益处的。

◎原句

心苟不蔽于物欲，则义理其固有也，亦何为而茫然哉?

——《陆九渊全集》卷十四《与傅齐贤》

◎释义

如果心不被物欲蒙蔽，那么义理本来就是人心所固有的，为什么还要茫然呢?

◎原句

心只是一个心，某之心，吾友之心，上而千百载圣贤之心，下而千百载复有一圣贤，其心亦只如此。

——《陆九渊全集》卷三十五《语录下》

◎释义

心只是一个心，我的心，我朋友的心，向上追溯千古年圣贤的心，向下推演千古年再有一位圣贤，这个心也是一样的。

◎原句

人心有病，须是剥落。剥落得一番，即一番清明。后随起来，又剥落，又清明，须是剥落得净尽方是。

——《陆九渊全集》卷三十五《语录下》

◎释义

人心有时会被蒙蔽产生私欲，必须剥落它们。剥落掉一层私欲，心就会得到一层清明。后来还会产生私欲，就再剥落，心又变得清明了，要把私欲剥落干净才行。

◎原句

此心本灵，此理本明，至其气禀所蒙，习尚所梏，俗论邪说所蔽，则非加剖剥磨切，则灵且明者曾无验矣。

——《陆九渊全集》卷十《与刘志甫》

◎释义

这个心本来就有灵性，这个理本来就很明确，等到此心受到自身气质和禀赋的蒙蔽，被习俗风尚约束，被世俗的观念和不正当的主张欺骗，如果不将这些加以剥离并清除干净，那么心的灵性和理的明确便无法得到验证和显现了。

◎原句

必求外铄，则是自湮其源，自伐其根也。

——《陆九渊全集》卷十二《与赵然道》

◎释义

如果一定要从外部强求道，那么就是自己堵塞自己的源头，自己铲除自己的根基。

◎原句

敛藏其精神，使之在内而不在外，则此心斯可得而复矣。

——《陆九渊全集》卷三十六《年谱》

◎释义

收敛并涵养这种精神，使它在内心而不在身外，那么这心便可立即得以恢复啊。

◎原句

精神全要在内，不要在外，若在外，一生无是处。

——《陆九渊全集》卷三十五《语录下》

◎释义

精神要全部坚守在内心，不要被外界牵扯；如果精神被外界牵扯，那么一生都没有什么成就。

◎原句

知复则内外合矣，然而不常，则其德不固，所谓"虽得之，必失之"①，故曰"《恒》，德之固也"②。

——《陆九渊全集》卷三十四《语录上》

◎释义

知道恢复本心，那么内心与外界便达成了和谐，但是如果不能保持长久，那么他的品德就不能稳固，这就是所谓的"即使暂时得到了它，也一定会失去它"，所以说"《恒》卦象征着恒久不变，是巩固品德的基础"。

◎原句

生知，盖谓有生以来浑无陷溺，无伤害，良知具存，非天降之才尔殊也③。

——《陆九渊全集》卷三十五《语录下》

◎释义

人刚生下来便知"道"，是说人从出生以来完全没有被迷惑、没有受到伤害、先天具有的道德意识都存在，并不是说人生下来品性就不一样。

① 出自《论语·卫灵公》。
② 出自《周易》。
③ "非天降之才尔殊也"出自《孟子·告子上》。

◎原句

若已汩于利欲，蔽于异端，逞志遂非，往而不反，虽复鸡鸣而起，夜分乃寐，其为害益深，而去道愈远矣……

——《陆九渊全集》卷十二《与赵然道》

◎释义

如果（一个人）已经沉沦在利欲中，被邪说蒙蔽，放纵自己的心走向错误，越走越远不能返回，这样的人虽然鸡鸣就起床，半夜才睡觉，那只是加深祸害，离正道更远……

◎原句

圣人与我同类，此心此理谁能异之。

——《陆九渊全集》卷十三《与郭邦逸》

◎释义

圣贤与我是同类，圣贤的这个心、这个理有谁能与它不同。

◎原句

　　有善必有恶，真如反覆手。然善却自本然，恶却是反了方有。

　　　　　　　　　　——《陆九渊全集》卷三十四《语录上》

◎释义

　　有善便一定有恶，真的就像是手心和手背一样。只不过善来自每个人与生俱来的良知，而恶则是违反了人的本心才产生。

◎原句

　　若能猛省勇改，则天之所以予我者，非由外铄，不俟他求。

　　　　　　　　　　——《陆九渊全集》卷十四《与包详道》

◎释义

　　如果能够猛然省悟并勇敢地改正错误，那么上天所给我的，不是从身外强加进来的，也不需等待从别处求得。

◎原句

既不知尊德性，焉有所谓道问学。

——《陆九渊全集》卷三十六《年谱》

◎释义

既然不知道尊重与生俱来的品德和本性，哪里会有对知识学问的追求。

◎原句

人心本来无事，胡乱被事物牵将去。

——《陆九渊全集》卷三十五《语录下》

◎释义

清净的心灵本来没有是非之事，胡乱被外界的事物牵引便失去了这份清净。

◎原句

人要有大志。常人汨没于声色富贵间，良心善性都蒙蔽了。

——《陆九渊全集》卷三十五《语录下》

◎释义

人要有远大的志向。一般的人沉溺于声色富贵，良心和好的品性都被声色富贵蒙蔽住了。

◎原句

有主人时，近亦不蔽，远亦不蔽，轻重皆然。

——《陆九渊全集》卷三十五《语录下》

◎释义

（当你）内心有了主体精神，近在眼前的事情也不会影响你对事物的认识，距离你比较远的事情也不会影响你对事物的认识，分量轻和分量重的事情都是这样。

◎原句

不知天之予我者，其初未尝不同。

——《陆九渊全集》卷三十五《语录下》

◎释义

却不知道上天赐给我们的本心，最初并没有什么不一样。

◎原句

良心正性人所均有，不失其心，不乖其性，谁非正人。纵有乖戾，思而复之，何远之有？

——《陆九渊全集》卷十三《与郭邦瑞》

◎释义

天然的善良心性和纯正的禀性是每个人都具有的，只要不丧失他的本心，不违背他的本性，谁不是正直的人。即使偶尔有违背常理、乖张的行为，只要反思并恢复，离成为正直君子又有多远呢？

◎原句

义之所在，非由外铄，根诸人心，达之天下。

——《陆九渊全集》卷二十三《大学春秋讲义》

◎释义

道义的存在，不是外来灌输的，是生根于人心，推广于天下的。

◎原句

夫所以害吾心者，何也？欲也。欲之多，则心之存者必寡；欲之寡，则心之存者必多。故君子不患夫心之不存，而患夫欲之不寡，欲去则心自存矣。

——《陆九渊全集》卷三十二《养心莫善于寡欲》

◎释义

残害我本心的是什么东西？欲望啊。欲望越多，本心所存便越少；欲望越少，本心所存便越多。所以君子不用怕失去本心，只怕欲望不够少；只要舍弃了欲望，本心便自然存在。

◎ 原句

心害苟除，其善自著，不劳推测。

——《陆九渊全集》卷四《与胡达材》

◎ 释义

心中的不良念头如果被消除，那么他的善良便自然显现，不需要费力去推测。

◎ 原句

人心至灵，惟受蔽者失其灵耳。

——《陆九渊全集》卷十四《与侄孙濬》

◎ 释义

人的本心很有灵性，只有受到外物蒙蔽的人才会失去它的灵性。

◎原句

　　故人须自识其本心，志在是，习在是，而行无不在是，则放之弥满六合，卷之停蓄方寸。

　　　　　　　　　　——《陆九渊全集》附录二《薛氏宗谱序》

◎释义

　　所以人一定要认识自己与生俱来的纯洁的本心，志向立在其中，习惯在其中养成，那么行为就不可能超脱这个范围，而将本心发散开来，它会充满整个宇宙；将它收敛起来，它又能安静地蕴藏在人的内心。

◎原句

　　此一节①，无疑，方能课怠与敬，辨义与利，本心之善乃始明著，而不习无不利②矣。

　　　　　　　　　　——《陆九渊全集》卷四《与诸葛诚之》

◎释义

　　只有对这一点确信无疑，我们才能在对待懈怠与勤勉时有所选择，分辨得清楚义和利，与生俱来的本心的善良才开始彰显，即使不学习也不会有什么坏处啊。

───────────

　　①　此一节：指前文中的"君子有四时：朝以听政，昼以访问，夕以修令，夜以安身"，即"关于时间管理和身心调节"。

　　②　"不习无不利"出自《周易》。

◎原句

愚不肖者不及焉，则蔽于物欲而失其本心；贤者智者过之，则蔽于意见而失其本心。

——《陆九渊全集》卷一《与赵监》

◎释义

愚蠢且不贤良的人智力或修养不足，就会被物欲蒙蔽而丧失与生俱来的纯洁的心；贤能的人和聪明的人智力超群，却被自己的见解所蒙蔽而丧失与生俱来的纯洁的心。

◎原句

人心不能无蒙蔽，蒙蔽之未彻，则日以陷溺。

——《陆九渊全集》卷一《与胡季随》

◎释义

人心不可能完全没有被蒙蔽的时候，如果这些蒙蔽没有被彻底清除，那么人便会一天天地陷入错误的泥潭而无法自拔。

◎原句

诸子百家往往以圣贤自期，仁义道德自命，然其所以卒畔于皇极而不能自拔者，盖蒙蔽而不自觉，陷溺而不自知耳。

——《陆九渊全集》卷一《与胡季随》

◎释义

先秦时期各个学术派别的代表人物往往自以为是圣贤，自以为有仁义道德，但是他们最终与正道背道而驰以至于不能自拔，就是因为受到蒙蔽而自己没有觉察，深深陷入错误的泥潭自己却不知道。

◎原句

人孰无心，道不外索，患在戕贼之耳，放失之耳。

——《陆九渊全集》卷五《与舒西美》

◎释义

哪个人没有本心，道不必向外寻求，问题在于戕害了本心罢了，或因放纵而失去了本心罢了。

愚不肖者之蔽在于物欲，贤者智者之蔽在于意见，高下污洁虽不同，其为蔽理溺心而不得其正则一也。

——《陆九渊全集》卷一《与邓文范》

◎释义

愚蠢且不贤良的人被物欲蒙蔽，贤能的人和聪明的人被自己对事情的看法蒙蔽，虽然他们在智慧和品德上的高尚与低下、污浊与洁净不一样，但他们的理被蒙蔽、本来纯洁的心被陷溺，因而没有正确的思想，这种结果是一样的。

◎原句

宇宙内事乃己分内事，己分内事乃宇宙内事。

——《陆九渊全集》卷三十三《象山先生行状》

◎释义

宇宙万物的事都关联到每个人自己的事，每个人自己的事也关联到宇宙万物的事。

◎原句

天下一家，痛痒未尝不相关也。

——《陆九渊全集》卷十五《与朱子渊》

◎释义

整个天下就是一个家庭，疾苦或紧要的事情没有不互相联系的。

◎原句

蔽溺在污下者往往易解，而患其安焉而不求解，自暴自弃者是也。蔽溺在高洁者，大抵自是而难解，诸子百家是也。

——《陆九渊全集》卷一《与邓文范》

◎释义

品行差的人受蒙蔽而陷入污浊境地往往容易消除，只是担心他安于现状不想消除，自甘落后、不求上进的人就是这样。高尚纯洁的人一旦受到蒙蔽而陷入污浊境地，大都认为自己是对的而很难自我解脱，诸子百家就是这样。

◎原句

义也者，人之所固有也。

——《陆九渊全集》卷三十二《君子喻于义》

◎释义

义，是人与生俱来的。

◎原句

古人教人，不过存心、养心、求放心。此心之良，人所固有，人惟不知保养而反戕贼放失之耳。

——《陆九渊全集》卷五《与舒西美》

◎释义

古人教人们提升道德修养，只是要人保存好与生俱来的善良的心、养护好这个心、寻回迷失的这个心。良善之心是人本来就有的，人们只是不知道应对它加以保养，反而残害它，把它丢失掉了。

◎原句

天之所以予我者，至大、至刚、至直、至平、至公。

——《陆九渊全集》卷三十五《语录下》

◎释义

上天赋予我的，极其正大、刚强、正直、平等、公道。

◎原句

此心苟得其正，听言发言皆得其正。听人之言而不得其正，乃其心之不正也。

——《陆九渊全集》卷十《与邵叔谊》

◎释义

如果一个人的心是正直的，那么他听取别人的谏劝之言和发表自己的言论都会是公正的。如果他听取别人的谏劝之言不能保持公正，那就是他的心本身就不正。

◎原句

古之人自其身达之家国天下而无愧焉者，不失其本心而已。

——《陆九渊全集》卷十九《敬斋记》

◎释义

古代的人从自身做起，推及家庭、国家、天下，都能做到问心无愧，只不过是保持了一个纯洁的心罢了。

◎原句

天之所以予我者固皆瑜也，惟不思而蔽于物，而后瑜者瑕。

——《陆九渊全集》卷二十《朱氏子更名字说》

◎释义

上天给我的本来全部是优点，只是因为我不思考，而被外物所蒙蔽，最后优点没了，缺点来了。

◎原句

耻存则心存，耻忘则心忘。

——《陆九渊全集》卷二十二《杂说》

◎释义

有羞耻心则说明本心还存在，丧失了羞耻心则说明本心已经丢失了。

◎原句

行己有耻，不至有是①。

——《陆九渊全集》卷五《与徐子宜》

◎释义

自己行为处事有羞耻之心，自然不会做出这样的事情。

① 是：这样的事情。指前文"使之困心疲力，而小人乃以济恶行私"，意思是，使别人心力交瘁，品行不好的人则借此机会为非作歹，谋取私利。

◎原句

国之治忽，民之休戚，彝伦之叙斁，士大夫学问之是非，心术之邪正，接于耳目而冥于其心，则此心之灵必有壅蔽昧没者矣。

——《陆九渊全集》卷十三《与郑溥之》

◎释义

国家的治理好坏，老百姓的幸福与祸患，常理的传承与败坏，有声望的读书人学问的对与错，思想品德的邪僻与端正，都是耳朵听到、眼睛看到这些后，不加思考沉淀在心里，那么这本来灵敏的心一定会被隔绝蒙蔽而晦暗模糊。

◎原句

天之所以予我者，如此其厚，如此其贵，不失其所以为人者耳。

——《陆九渊全集》卷三十五《语录下》

◎释义

上天赐给我的，这么厚重，这么珍贵，对于做一个真正的人没有欠缺。

◎原句

古人之求放心，不啻如饥之于食、渴之于饮、焦之待救、溺之待援，固其宜也。

——《陆九渊全集》卷三十二《学问求放心》

◎释义

古代的人为启发原本的善良之心，无异于在饥饿中求食、在干渴中盼望饮水、在烧伤后等待救治、在落水后急需援救，本来就应该是这样的。

◎原句

盖人受天地之中以生，其本心无有不善。

——《陆九渊全集》卷十一《与王顺伯》

◎释义

因为人依靠天地之间的中和之气生存，这与生俱来的心没有不善良的。

◎原句

　　东海有圣人出焉，此心同也，此理同也。西海有圣人出焉，此心同也，此理同也。南海、北海有圣人出焉，此心同也，此理同也。千百世之上有圣人出焉，此心同也，此理同也。千百世之下有圣人出焉，此心同也，此理同也。

　　　　　　　　——《陆九渊全集》卷三十三《象山先生行状》

◎释义

　　东海出了圣人，他们这个本心是一样的，所遵循的这个天理是一样的。西海出了圣人，他们这个本心是一样的，所遵循的这个天理是一样的。南海、北海出了圣人，他们这个本心是一样的，所遵循的这个天理是一样的。几千年前出了圣人，他们这个本心是一样的，所遵循的这个天理是一样的。几千年后出了圣人，他们这个本心是一样的，所遵循的这个天理是一样的。

◎原句

　　义理之在人心，实天之所与而不可泯灭焉者也。

　　　　　　　　——《陆九渊全集》卷三十二《思则得之》

◎释义

　　伦理道德和行为准则在人们心中，这其实是上天赋予的，不可能灭绝。

◎原句

人心至灵，此理至明，人皆有是心，心皆具是理。

——《陆九渊全集》卷二十二《杂说》

◎释义

人心最有灵性，这个理最明确，人人都有这样的心，每个人心里都有这个理。

◎原句

耻得所者，本心也；耻失所者，非本心也。圣贤所贵乎耻者，得所耻者也。

——《陆九渊全集》卷二十二《杂说》

◎释义

人们的羞耻感符合道义原则，这便是本心；人们的羞耻感不符合道义原则，便不是本心。圣贤所看重的羞耻感，是符合道义的羞耻感。

◎原句

能顿弃勇改，无复回翔恋恋于故意旧习，则本心之善乃始著明。

——《陆九渊全集》卷十二《与陈正己》

◎释义

能够做到立刻弃绝错误、勇于改过，不再反反复复割舍不断过去的思想和习惯，那么本心的善良便开始彰显出来。

◎原句

学者规模多系其闻见。孩提之童未有传习，岂能有是规模？是故所习不可不谨。

——《陆九渊全集》卷二十二《杂说》

◎释义

读书人的学识和风范大多源于他的所见所闻。幼小的孩子还没有接受教育和学习，怎么能有这样的学识和风范？因此，所学习的内容不可以不谨慎。

◎原句

不得其正，其见乃邪见，其说乃邪说。

——《陆九渊全集》卷十一《与李宰》

◎释义

不能得到正确的思想，那么他的见解就是错误的见解，他的理论就是错误的理论。

◎原句

此心苟存，则修身、齐家、治国、平天下一也，处贫贱、富贵、死生、祸福亦一也。

——《陆九渊全集》卷二十《邓文苑求言往中都》

◎释义

这个本心如果保存着，那么提高自我修养，管理好自己的家庭和家族，治理好自己的国家，使天下太平，所依凭的是一样的心；处于贫穷卑贱的境地，或是富裕显贵，还是面对生死和祸福，所坚守的也是一样的心。

◎ 原句

人者，政之本也；身者，人之本也；心者，身之本也。

——《陆九渊全集》卷十九《荆国王文公祠堂记》

◎ 释义

人，是政事的根本；身体，是人的根本；心，是身体的根本。

◎ 原句

如木有根，苟有培浸而无伤戕，则枝叶当日益畅茂；如水有源，苟有疏浚而无壅窒，则波流当日益充积。

——《陆九渊全集》卷七《与邵中孚》

◎ 释义

就像树有根，如果对树培土浇灌而不去砍伐，那么树枝和树叶就会一天比一天旺盛繁茂；就像溪流有源头，如果帮助溪流清除淤塞、挖深沟槽，使水流通畅而不堵塞，那么水流就会一天比一天充沛。

◎原句

此心之良，人所均有，自耳目之官不思而蔽于物，流浪展转，戕贼陷溺之端不可胜穷。

——《陆九渊全集》卷五《与徐子宜》

◎释义

这种内心的善良，是每个人都有的，然而，从耳朵、眼睛这类器官开始，不去思考所以被外物蒙蔽，从而随波逐流，反复无常，以至于被伤害，甚至陷入困境，这种伤害和困境的程度，是无法估量的。

◎原句

诚使此心无所放失，无所陷溺，全天之所与而无伤焉，则千万里之远，无异于亲膝下。

——《陆九渊全集》卷十五《与孙季和》

◎释义

如果真正能做到让这个本心不迷失，不深陷错误的泥潭而无法自拔，完全保持上天赋予的而不受伤害，那么即使在相隔遥远的千里之外，也跟在父母身边没有什么不同。

◎原句

仁，人心也。

——《陆九渊全集》卷三十二《学问求放心》

◎释义

仁，就是人的心。

◎原句

苟此心之存，则此理自明，当恻隐处自恻隐，当羞恶，当辞逊，是非在前，自能辨之。

——《陆九渊全集》卷三十四《语录上》

◎释义

如果保持与生俱来的本心，那么自然会明白这样的理，在应当同情的时候自然会同情，在应当羞耻厌恶的时候自然会羞耻厌恶，在应当言辞谦逊的时候自然会言辞谦逊，当是非善恶摆在面前时，自然能够辨别它们。

◎原句

由是言之，忠信之名，圣人初非外立其德以教天下，盖皆人之所固有，心之所同然者也。

——《陆九渊全集》卷三十二《主忠信》

◎释义

这么说来，忠诚信实这样的品德，并不是圣人最初创造出来的一个外在的德行标准，用以教育天下的；而是人本来就有的，人心共通的东西。

◎原句

其他体尽有形，惟心无形，然何故能摄制人如此之甚？

——《陆九渊全集》卷三十五《语录下》

◎释义

其他物体都有形状，只有心，也就是思想没有形状，然而为什么它控制人的能量这么大？

◎原句

自学之不明，人争售其私术，而智之名益尊、说益详矣，且谁独无是非之心哉？圣人之智，非有乔桀卓异不可知者也，直先得人心之同然耳。

——《陆九渊全集》卷三十《智者术之原论》

◎释义

由于自学不能使人明白事理，人们便竞相宣扬自己的学说，于是智慧的名声更加被推崇，各种学说也更加详尽地被阐述，况且，哪一个人没有分辨是非的心？圣人的智慧不是有极为卓越、难以揣测的东西，只是他比别人先发现了人心共有的德行而已。

◎原句

常俗汩没于贫富、贵贱、利害、得丧、声色、嗜欲之间，丧失其良心，不顾义理，极为可哀。

——《陆九渊全集》卷四《与符复仲》

◎释义

普通人往往淹没在贫穷和富裕、尊贵和卑贱、益处和害处、名利的得到和丧失、淫靡的音乐和美色、嗜好与欲望里，以至于丧失了良心，不顾伦理道德，这样实在是太悲哀了。

◎原句

此心之灵苟无壅蔽昧没，则痛痒无不知者。

——《陆九渊全集》卷十三《与郑溥之》

◎释义

这个灵敏的心如果没有被隔绝蒙蔽以致晦暗不明，那么痛觉和痒觉是没有不知道的。

◎原句

失其本心，真所谓不依本分也。

——《陆九渊全集》卷十《与吴显仲》

◎释义

丧失了自己本来纯洁的心，是真正的不务正业、不守规矩。

◎原句

吾所谓心，天之所予我者也。

——《陆九渊全集》卷二十《赠丁润父》

◎释义

我所说的本心，是上天给我的。

◎原句

有所蒙蔽，有所移夺，有所陷溺，则此心为之不灵，此理为之不明。

——《陆九渊全集》卷十一《与李宰》

◎释义

（原本纯洁的心）被表象迷惑，被动摇改变，陷入错误的泥潭，那么这个心便不能通晓事理，这个理便不能彰显出来。

◎原句

好善而恶不善，好仁而恶不仁，乃人心之用也。

——《陆九渊全集》卷五《与辛幼安》

◎释义

喜欢善良而憎恶不善良，喜欢仁义而憎恶不仁义，这是人心的作用。

◎原句

欲明夫理者，不可以无其本。本之不立，而能以明夫理者，吾未之见也。

——《陆九渊全集》卷三十二《则以学文》

◎释义

想明白理的人，不可以没有他的本心。本心没了，却能够明白理的人，我没有见过。

◎原句

　　良心之在人，虽或有所陷溺，亦未始泯然而尽亡也。下愚不肖之人所以自绝于仁人君子之域者，亦特其自弃而不之求耳。

　　　　　　　　——《陆九渊全集》卷三十二《求则得之》

◎释义

　　人的良心，虽然有时会陷入错误的泥潭，但是却没有完全泯灭的时候。极为愚蠢且不贤良的人之所以不能成为圣贤，只不过是因为他们自我放弃、不去追求而已。

◎原句

　　人无不知爱亲敬兄，及为利欲所昏便不然。欲发明其事，止就彼利欲昏处指出，便爱敬自在。

　　　　　　　　——《陆九渊全集》卷三十五《语录下》

◎释义

　　没有哪个人不知道爱父母、敬兄长，可一旦被利欲弄昏了头便不这样了。要想发现和明白这个道理，只要指出他利欲熏心的地方，他便能恢复爱父母、敬兄长的天性。

◎原句

何适而非此心，心正则静亦正，动亦正；心不正则虽静亦不正矣。

——《陆九渊全集》卷四《与潘文叔》

◎释义

无论到哪里不都是这样的心吗？心正，则举止动静皆端正；心不正，则即使独处静思也会产生邪恶之念。

◎原句

一旦以切磋而知其非，则弃前日之所习，势当如出陷阱，如避荆棘，惟新之念若决江河，是得所欲而遂其志也。

——《陆九渊全集》卷二《与朱元晦》

◎释义

如果能用和别人商讨研究的办法来知道自己的过错，那么就会抛弃以前那些不好的习性，这种状态就好比走出了陷阱，避开了荆棘，只有新的想法和观念像决堤的江河一样汹涌澎湃，才是得到了自己所想要的，并实现了自己的志向。

◎原句

吾与人言，多就血脉上感移他，故人之听之者易。非若法令者之为也。

——《陆九渊全集》卷三十四《语录上》

◎释义

我和别人谈话，大多都是从心灵上去感动、改变他，所以别人容易采纳。不是采取像法律命令那样的做法。

◎原句

此心之灵，此理之明，岂外铄哉？

——《陆九渊全集》卷七《与詹子南》

◎释义

这心的灵性，这理的明确，难道是外部力量强加的吗？

◎原句

吾心之良吾所固有也。吾所固有而不能以自保者，以其有以害之也。有以害之而不知所以去其害，则良心何自而存哉？故欲良心之存者，莫若去吾心之害。吾心之害既去，则心有不期存而自存者矣。

——《陆九渊全集》卷三十二《养心莫善于寡欲》

◎释义

我心中的善良是我本来就有的。我本来就有的却不能自己将它养护好，是因为有戕害它的东西存在。有戕害它的东西存在却不知道去除这种东西，那么良心怎么能保存下来呢？所以要想保存好良心，不如去除戕害我心的东西。戕害我心的东西去除了，那么就算没有刻意保存良心，良心也会自然而然地保存好了。

◎原句

良知之端，形于爱敬。扩而充之，圣哲之所以为圣哲也。

——《陆九渊全集》卷十九《武陵县学记》

◎释义

良知最初形成于爱父母、敬兄长。在这个基础上扩大充实，圣人和哲人就是这样而成为圣人和哲人的。

◎原句

心之在人，是人之所以为人，而与禽兽草木异焉者也，可放而不求哉？

——《陆九渊全集》卷三十二《学问求放心》

◎释义

心对于人来说，是人为什么能成为人，且跟禽兽草木不一样的原因所在，可以让它丢失而不去寻找吗？

◎原句

若是心之未得其正，蔽于其私，而使此道之不明不行，则其为病一也。

——《陆九渊全集》卷十一《与李宰》

◎释义

如果这个心没有达到正直无私的状态，被私念蒙蔽了，而使这个道没有得到彰显和推行，那么它跟祸患是一样的。

◎原句

吾心苟无所陷溺，无所蒙蔽，则舒惨之变当如四序之推迁，自适其宜。

——《陆九渊全集》卷十二《与赵然道》

◎释义

我的心如果没有变坏，没有被蒙蔽，那么喜悦和悲伤的变化应该像春夏秋冬一样推移变迁，自然地适应各种环境。

第二章

道理篇

◎原句

此理之大，岂有限量？程明道所谓有憾于天地，则大于天地者矣，谓此理也。

——《陆九渊全集》卷十二《与赵咏道》

◎释义

这个理非常大，怎么能有限量呢？程明道所说的天地再大也有缺憾，那么比天地还大的，就是这个理。

◎原句

言理则是实理，言事则是实事，德则实德，行则实行。

——《陆九渊全集》卷一《与曾宅之》

◎释义

谈论理就是真实的理，谈论事就是真实的事，德就是真实的德，行就是真实的行。

◎原句

此理不明，内无所主。

——《陆九渊全集》卷一《与曾宅之》

◎释义

对于这个理不明白，心中便没有主张。

◎原句

势出于理，则理为之主，势为之宾。天下如此则为有道之世。

——《陆九渊全集》卷十二《与刘伯协》

◎释义

如果事物发展的必然趋势来自事物变化的内在法则，那么事物变化的内在法则就更为关键，事物发展的必然趋势则为从属。如果天下都能这样，那就是理想社会了。

◎原句

民之于道，系乎上之教；士之于道，由乎己之学。

——《陆九渊全集》卷二十一《论语说》

◎释义

普通老百姓要使自己的精神向"道"转化，努力使自己的一举一动都能符合"道"的准则，就必须接受圣王的教化；士君子要使自己的心性向"道"提升，完成自我教化的神圣使命，就必须努力学习。

◎原句

人精神千种万般，夫道一而已矣[①]。

——《陆九渊全集》卷三十五《语录下》

◎释义

虽然人的意识、思维和心理状态千差万别，但是道的本质是统一的。

———

① "夫道一而已矣"出自《孟子·滕文公上》。

◎原句

君子之道，夫妇之愚不肖可以与知能行。

——《陆九渊全集》卷一《与邵叔谊》

◎释义

君子的道，即便是那些愚蠢且不贤良的男女也可以让他们知晓，并依道而行。

◎原句

此理本天所以与我，非由外铄。明得此理，即是主宰。真能为主，则外物不能移，邪说不能惑。

——《陆九渊全集》卷一《与曾宅之》

◎释义

这个理本来是上天给我的，不是从外面学来的。明白了这个理，便能把握自己。真能把握自己，那么外面的力量便改变不了你，歪理邪说也诱惑不了你。

◎原句

　　此道与溺于利欲之人言犹易，与溺于意见之人言却难。

——《陆九渊全集》卷三十四《语录上》

◎释义

　　这个道对沉迷于私利欲望的人进行宣传，还是比较容易的；对固执己见的人进行宣传，却是非常困难的。

◎原句

　　仁即此心也，此理也。

——《陆九渊全集》卷一《与曾宅之》

◎释义

　　仁爱就是这个心，这个理。

◎原句

爱其亲者，此理也；敬其兄者，此理也；见孺子将入井，而有怵惕恻隐之心①者，此理也；可羞之事则羞之，可恶之事则恶之者，此理也；是知其为是，非知其为非，此理也；宜辞而辞，宜逊而逊者，此理也；敬，此理也；义，亦此理也；内，此理也；外，亦此理也。

——《陆九渊全集》卷一《与曾宅之》

◎释义

敬爱自己的父母，是这个理；尊敬自己的哥哥，是这个理；看见小孩就要跌进井里而产生惊恐同情的心理的人，是这个理；对令人羞耻的事情会感到羞耻，对令人厌恶的事情会感到讨厌，是这个理；对对的事情知道那是对的，对错的事情知道那是错的，是这个理；该辞让的时候懂得辞让，该谦恭的时候知道谦恭，是这个理；尊重，是这个理；正义，也是这个理；心中，是这个理；身外，也是这个理。

---

① "见孺子将入井，而有怵惕恻隐之心"出自《孟子·公孙丑上》。

◎原句

唐虞之际，道在皋陶；商周之际，道在箕子。天之生人，必有能尸明道之责者，皋陶、箕子是也。

——《陆九渊全集》卷三十四《语录上》

◎释义

尧舜时代，传道的人是皋陶；商周时代，传道的人是箕子。上天养育万民，一定能够养育出能担当起阐明治道责任的人来，皋陶、箕子就是这样的人。

◎原句

道本自若，岂如以手取物，必有得于外然后为得哉？

——《陆九渊全集》卷一《与赵监》

◎释义

道本来是顺其自然的，怎么会像是用手拿东西，一定要从外面得到才算是得到呢？

◎原句

道塞宇宙，非有所隐遁，在天曰阴阳，在地曰柔刚，在人曰仁义。故仁义者，人之本心也。

——《陆九渊全集》卷一《与赵监》

◎释义

道充满宇宙之中，没有一点隐藏，在天叫作"阴阳"，在地叫作"柔刚"，在人间叫作"仁义"。所以仁义就是人的本性。

◎原句

道外无事，事外无道。

——《陆九渊全集》卷一《与赵监》

◎释义

在道之外没有独自存在的事物，在事物之外也没有独自存在的道。

◎原句

此道之明，如太阳当空，群阴毕伏。

——《陆九渊全集》卷三十四《语录上》

◎释义

这个道的光明，就像太阳高空照，所有的阴影都被制伏而消失了。

◎原句

苟当于理，虽妇人孺子之言所不弃也……或乖理致，虽出古书，不敢尽信也。

——《陆九渊全集》卷二《与朱元晦》

◎释义

如果合于理，即使是妇女儿童的言语也不应该弃之不理……如果是谬论，即便是出自古书，也不敢全信啊。

◎原句

万物森然于方寸之间，满心而发，充塞宇宙，无非此理。

——《陆九渊全集》卷三十四《语录上》

◎释义

万事万物都密集在人的心中，充满人心并显现出来，充满整个宇宙的，无非就是这个理。

◎原句

圣人之道有用，无用便非圣人之道。

——《陆九渊全集》卷三十四《语录上》

◎释义

圣人的道可以用来治理国家、教化民众，不能用来治理国家、教化民众的就不是圣人的道。

◎原句

圣人教人只是就人日用处开端。

——《陆九渊全集》卷三十五《语录下》

◎释义

圣人教育人们只是从日常应对之处开始。

◎原句

塞宇宙一理耳，学者之所以学，欲明此理耳。

——《陆九渊全集》卷十二《与赵咏道》

◎释义

充满宇宙的无非就是这个理，读书人之所以学习，无非是要明白这个理罢了。

◎原句

乾坤同一理也。

——《陆九渊全集》卷十二《与赵咏道》

◎释义

天地之间所蕴含、所体现的是同一个理。

◎原句

理之所在，匹夫不可犯也。

——《陆九渊全集》卷十二《与刘伯协》

◎释义

理所在的地方，即使是普通人也不能违背。

◎原句

人家之兴替，在义理不在富贵。

——《陆九渊全集》卷十二《与刘伯协》

◎释义

一户人家的兴盛和衰败要看是否崇尚正义，是否教育后代按道理行事，并不在于拥有很多财富和很高的地位。

◎原句

以理处心，以理论事。

——《陆九渊全集》卷十二《与刘伯协》

◎释义

以理来安定内心，用理来谈论事情。

◎原句

此理所在，岂容不同。不同此理则为异端矣。

——《陆九渊全集》卷十三《与薛象先》

◎释义

这个理所在的地方，岂能容得下与这个理不同的东西。不同于这个理的就是异端邪说。

◎原句

道理无奇特，乃人心所固有，天下所共由，岂难知哉？但俗习缪见，不能痛省勇改，则为隔碍耳。古人所谓："一惭之不忍，忍终身惭乎？"

——《陆九渊全集》卷十四《与严泰伯》

◎释义

道理没有什么奇怪特别的地方，不过是人们心中本来就有，天下人所共用的东西，难道很难理解吗？但若有庸俗的陋习、错误的观点，却不能深刻地反省，并勇敢地改正，就会成为认识道理的障碍。正如古人所说的："一次的羞耻不能忍受，终身的羞耻反而能忍受吗？"

◎原句

理乃天下之公理，心乃天下之同心，圣贤之所以为圣贤者，不容私而已。

——《陆九渊全集》卷十五《与唐司法》

◎释义

理是天下公正的理，心是天下共同的心，圣贤之所以能成为圣贤，不过就是没有一点私心罢了。

◎原句

天下有不易之理，是理有不穷之变。

——《陆九渊全集》卷二十一《易数》

◎释义

天下有不变的理，这个理里面又有无穷的变化。

◎原句

　　主于道则欲消而艺亦可进。主于艺则欲炽而道亡，艺亦不进。

——《陆九渊全集》卷二十二《杂说》

◎释义

　　如果以道作为自己本心的主宰，那么这个人的私心恶念就会消退，而才艺也可得到进步。如果以才艺作为自己本心的主宰，那么这个人的私心恶念就会膨胀，而道就会消亡，才艺也会因此而得不到进步。

◎原句

　　宇宙便是吾心，吾心即是宇宙。

——《陆九渊全集》卷二十二《杂说》

◎释义

　　充满道和理的宇宙便是充满同样道和理的我心，充满道和理的我心也就是充满同样道和理的宇宙。

◎原句

心之体甚大，若能尽我之心，便与天同。为学只是理会此。

——《陆九渊全集》卷三十五《语录下》

◎释义

本心的体量非常大，如果能够尽量扩张本心，就能与天一样广阔。做学问只是为了领会这个理。

◎原句

道在宇宙间，何尝有病？但人自有病。千古圣贤只去人病，如何增损得道？

——《陆九渊全集》卷三十四《语录上》

◎释义

大道充满整个宇宙，何曾有丝毫的弊病？只是人心有弊病。千古以来圣贤只是去除人的弊病，怎么可能对大道本身有增添或减损呢？

◎原句

犯理之人虽穷富极贵，世莫能难，当受《春秋》之诛矣。

——《陆九渊全集》卷十二《与刘伯协》

◎释义

触犯义理的人即使非常富裕并且极其高贵，全世界都为难不了他，也应当受到历史的谴责。

◎原句

自古圣贤发明此理，不必尽同。如箕子所言有皋陶之所未言，夫子所言有文王、周公之所未言，孟子所言有吾夫子之所未言，理之无穷如此。

——《陆九渊全集》卷三十四《语录上》

◎释义

自古以来，圣贤们阐述天理的内容，不一定是完全相同的。比如箕子所阐述的内容，就有皋陶没有讲到的；孔子所阐述的内容，就有周文王、周武王没有讲到的；孟子所阐述的内容，就有孔子没有讲到的。天理的内容就是如此无穷无尽。

◎原句

是非本在理，当求诸其理，不当求诸其辞。

——《陆九渊全集》卷三《与曹立之》

◎释义

对与错本来在于是否合理，应该求之于理，不应当求之于他人的言辞。

◎原句

心，一心也；理，一理也。

——《陆九渊全集》卷一《与曾宅之》

◎释义

所有人的心最早都是一样善良纯洁的心，天下的理也都是一样的理。

◎原句

至当归一，精义无二，此心此理，实不容有二。

——《陆九渊全集》卷一《与曾宅之》

◎释义

最恰当的只有一个，精辟的义理没有两个，这个心这个理，实在是不能有两个的。

◎原句

天下之所共由，斯民之所日用，此道一而已矣，不可改头换面。

——《陆九渊全集》卷二《与王顺伯》

◎释义

天下人共同遵循的基本规范准则，是老百姓每天都在应用的，这个道只有一个，不可以改变。

◎原句

此理在宇宙间，固不以人之明不明、行不行而加损。

——《陆九渊全集》卷二《与朱元晦》

◎释义

这个理在宇宙之间，本来就不会因为人们明白还是不明白、是实行还是不实行而增加或减少。

◎原句

天下事理固有愚夫愚妇之所与知，而大贤君子不能无蔽者。

——《陆九渊全集》卷五《与吕伯恭》

◎释义

天下的事理固然有普通百姓都知道的，而贤人君子也不可能完全没有被蒙蔽的时候。

◎原句

天下之理但当论是非，岂当论同异。

——《陆九渊全集》卷十三《与薛象先》

◎释义

天下的理只应当分析它的对与错，哪里应当去分析它跟谁是相同还是不同。

◎原句

箪食瓢饮不改其乐，肘见缨绝不以为病者，道当如是故也。

——《陆九渊全集》卷六《与傅圣谟》

◎释义

用箪盛饭，用木瓢喝水，生活艰苦但是依然很快乐；衣服破烂露出胳膊肘，衣带也断了，却不当回事，道就应当像这样。

◎原句

人皆有是心，心皆具是理，心即理也。

——《陆九渊全集》卷十一《与李宰》

◎释义

人人都有这样与生俱来的本心，本心都具备这样的理，本心就是理。

◎原句

诚君子也，不能，不害为君子；诚小人也，虽能，不失为小人。

——《陆九渊全集》卷二十二《杂说》

◎释义

真正的君子即使没有才能，也不影响他的君子品格；真正的小人即使有才能，也仍然是小人。

◎原句

艺即是道，道即是艺，岂惟二物。

——《陆九渊全集》卷三十五《语录下》

◎释义

艺术里面蕴含着深刻的道，道的内涵融入了艺术，艺术和道怎么会是两样东西。

◎原句

此心此理充塞宇宙，谁能间之？

——《陆九渊全集》卷二十《朱氏子更名字说》

◎释义

这个本心和这个理充满了整个宇宙，谁能够分离它们呢？

◎原句

塞宇宙一理耳。上古圣人先觉此理，故其王天下也。

——《陆九渊全集》卷十五《与吴斗南》

◎释义

充满宇宙的只有一个理。远古的圣人最先认识了这个理，所以他能管理好天下。

◎原句

凡事不合天理、不当人心者，必害天下，效验之著，无愚智皆知其非。

——《陆九渊全集》卷十八《删定官轮对札子》

◎释义

所有的事情，只要是不合天理、不得人心的，就一定对天下造成危害，后果非常明显，无论是愚蠢的人还是聪明的人都知道那是错误的。

◎原句

道义之在天下，在人心，岂能泯灭。

——《陆九渊全集》卷七《与包显道》

◎释义

道义在天下，在人的心里，怎么可能会消逝。

◎原句

道者，天下万世之公理，而斯人之所共由者也。

——《陆九渊全集》卷二十一《论语说》

◎释义

道是天下人公认的永远正确的理，是老百姓共同遵循的。

◎原句

理不可以泥言而求，而非言亦无以喻理；道不可以执说而取，而非说亦无以明道。

——《陆九渊全集》卷六《与包详道》

◎释义

要明白理不能拘泥于他人语言的解说，但没有语言的解说也没办法说明理；要寻求道不能偏执于书本知识，但没有书本知识也没办法明白道。

◎原句

知道之言，无所陷溺；不知道之言，斯陷溺矣。

——《陆九渊全集》卷二十二《杂说》

◎释义

明白道理的言论不会让人陷入困境，不明白道理的言论才会让人陷入困境。

◎原句

坦然明白之理可使妇人童子听之而喻。

——《陆九渊全集》卷一《与曾宅之》

◎释义

自然而然、明明白白的理可以让妇女儿童听了以后便明白。

◎原句

知道则末即是本，枝即是叶。

——《陆九渊全集》卷三十五《语录下》

◎释义

了解道之后再看世界，那么末就是本，枝就是叶。

◎原句

道心之微，无声无臭，其得其失，莫不自我。

——《陆九渊全集》卷三十二《人心惟危，道心惟微，惟精惟一，允执厥中》

◎释义

道心的微妙，没有声音，没有气味，得道与失道，没有不从自己开始的。

◎原句

道理只是眼前道理。虽见到圣人田地，亦只是眼前道理。

——《陆九渊全集》卷三十四《语录上》

◎释义

世上的道理就是在我们眼前的道理。即使你达到了圣人的学问境界，所看到的道理也依然只是我们眼前的道理。

◎原句

此道非争竞务进者能知，惟静退者可入。

——《陆九渊全集》卷三十四《语录上》

◎释义

这个道不是那些为名利而争逐奔走的人和为谋求利益而进取的人所能够懂得的，只有恬淡谦逊、不追逐名利的人才能够入道。

◎原句

此理所在，安有门户可立？

——《陆九渊全集》卷三十四《语录上》

◎释义

只要遵循这个理，哪有宗派可立呢？

◎原句

此理塞宇宙，如何由人杜撰得？

——《陆九渊全集》卷三十五《语录下》

◎释义

这个理充满了宇宙，怎么会是人们臆想出来的呢？

◎原句

千古圣贤若同堂合席，必无尽合之理。然此心此理万世一揆也。

——《陆九渊全集》卷三十四《语录上》

◎释义

千古圣贤如果能在同一个屋里坐在一起，他们所说的话不可能完全一样。但是这个心和这个理，万世以来都是一样的准则。

◎原句

此理塞宇宙，谁能逃之，顺之则吉，逆之则凶。

——《陆九渊全集》卷二十一《易说》

◎释义

这个理充满了整个宇宙，谁能躲避得了，顺应这个理便吉祥，违背这个理便凶险。

◎原句

道非口舌所能辩，子细向脚跟下点检。

——《陆九渊全集》卷七《与颜子坚》

◎释义

道不是用嘴巴就能辩论出来的，要认真地通过实践去检验。

◎原句

道未有外乎其心者。

——《陆九渊全集》卷十九《敬斋记》

◎释义

道没有在人心之外的。

◎原句

道不远人，顾人离道耳。

——《陆九渊全集》卷二十《示象山学者》

◎释义

道不会远离人，只是人们远离道啊。

◎原句

天有天道，地有地道，人有人道。人而不尽人道，不足与天地并。

——《陆九渊全集》卷二《与王顺伯》

◎释义

天有天的道；地有地的道；人有人的道。人如果不能很好地践行人道，便不能跟天地和谐共处。

◎原句

道行道明，则耻尚得所，不行不明，则耻尚失所。

——《陆九渊全集》卷二十二《杂说》

◎释义

践行道、明白道，那么人们的羞耻感和尊尚的东西便会符合道义原则；不践行道、不明白道，那么人们的羞耻感和尊尚的东西便不符合道义原则。

◎原句

此夫妇之愚不肖可以与知能行。圣贤之所以为圣贤，亦不过充此而已。

——《陆九渊全集》卷十五《与陶赞仲》

◎释义

愚蠢且不贤良的普通男女，可以让他们了解并践行道。圣贤之所以能够成为圣贤，也不过是具备了这些条件而已。

◎原句

自理而言，而曰大于天地，犹之可也；自人而言，则岂可言大于天地？

——《陆九渊全集》卷十二《与赵咏道》

◎释义

从理的层面上来讲，说理大于天地，还是可以的；但从人的层面来说，怎么可以说人大于天地呢？

◎原句

若明此理，天地不能异此，鬼神不能异此，千古圣贤不能异此。

——《陆九渊全集》卷十五《与陶赞仲》

◎释义

如果明白了这个理，天地不能违背这个理，鬼神不能违背这个理，千古圣贤不能违背这个理。

◎原句

道在天下，固不可磨灭。

——《陆九渊全集》卷十八《删定官轮对劄子》

◎释义

道存在于世间，本来就不可能逐渐消失。

◎原句

世俗情欲底人病却不妨，只指教他去彼就此。最是于道理中鹘突^①不分明人难理会。

——《陆九渊全集》卷三十五《语录下》

◎释义

对世俗、情爱欲望重的人，这样的病症好治，只要指点他去掉错误、趋向正道就行。对道糊涂、不能分辨是非的人最难处理。

◎原句

书可得而伪为也，理不可得而伪为也。

——《陆九渊全集》卷三十二《取二三策而已矣》

◎释义

书能够作假，理不能够作假。

---

① 鹘突（hú tū）：不明白事理。

◎原句

《六经》注我！我注《六经》？

——《陆九渊全集》卷三十四《语录上》

◎释义

《诗经》《书经》①《仪礼》《易经》②《乐经》《春秋》这些经典著作中的论断都是注解心学道理的！我有什么必要去给《诗经》《书经》《仪礼》《易经》《乐经》《春秋》这些经典著作做注解呢？

◎原句

天人之际实相感通，虽有其数亦有其道，昔之圣人未尝不因天变以自治。

——《陆九渊全集》卷二十三《大学春秋讲义》

◎释义

人与自然之间确实能相互感应，虽然其中有一定的规律，但也蕴含着深刻的道，过去的圣人们没有一个不是根据自然变化来自我反省和治理国家及个人的。

---

① 即《尚书》。

② 即《周易》。

◎原句

　　道在天下，加之不可，损之不可，取之不可，舍之不可，要人自理会。

——《陆九渊全集》卷三十五《语录下》

◎释义

　　道在天地间，加不了，减不了，拿不走，扔不掉，要人自己去领会。

◎原句

　　道大，人自小之；道公，人自私之；道广，人自狭之。

——《陆九渊全集》卷三十五《语录下》

◎释义

　　道精深博大，是人自己小看它；道公正，是人自己认为它有偏私；道广阔无边，是人自己认为它狭小。

◎原句

己之未克，虽自命以仁义道德，自期以可至圣贤之地者，皆其私也。

——《陆九渊全集》卷一《与胡季随》

◎释义

如果未能克制和约束自己，虽然自称为仁义道德之士，认为自己能够达到圣贤的境界，那都是个人自私的表现罢了。

◎原句

得失之心未去，则不得；得失之心去，则得之。

——《陆九渊全集》卷一《与侄孙濬》

◎释义

没有去除名利得失的想法，便没有得道；去除了名利得失的想法，便得道了。

◎原句

少而学道，壮而行道者，士君子之职也。

——《陆九渊全集》卷二《与朱元晦》

◎释义

年少时学习道，壮年时实践道，这是读书人的责任。

◎原句

虽未至未纯，亦只要一向践履去，久则至于圣贤矣。

——《陆九渊全集》卷三《与张辅之》

◎释义

虽然没达到完美、纯粹的境界，但只要一直实践道，长久下去便到达了圣贤的境界。

◎原句

左右平时与诸贤交游，当问道之胜负，不当问流俗之胜负。

——《陆九渊全集》卷十四《与张德清》

◎释义

我们平时与各位贤能之人交往时，应当关注道方面的输赢，不应当关注世俗方面的输赢。

◎原句

道可谓尊，可谓重，可谓明，可谓高，可谓大。人却不自重，才有毫发恣纵，便是私欲，与此全不相似。

——《陆九渊全集》卷三十五《语录下》

◎释义

道可以说是尊贵的，可以说是重要的，可以说是光明的，可以说是高深的，可以说是远大的。可是，人如果不谨言慎行，只要有一点点放任，就是个人不正当的欲望在作祟，跟道便完全不一样。

第三章

立志篇

◎原句

女耳自聪，目自明，事父自能孝，事兄自能弟，本无欠
阙，不必他求，在自立而已。

——《陆九渊全集》卷三十四《语录上》

◎释义

你的耳朵自然听得清楚，眼睛自然看得明白，侍奉父母自
然孝顺，对待兄长自然敬爱，本来一点也不欠缺，不必再要求
什么了，只是要独立自主罢了。

◎原句

道非难知，亦非难行，患人无志耳。

——《陆九渊全集》卷一《与侄孙濬》

◎释义

大道不难了解，也不难做到，问题是人缺乏求道的志向。

◎原句

事无大小，道无浅深，皆不可强探力索。人患无志，而世乃有有志不如无志者，往往皆强探力索之病也。

——《陆九渊全集》卷四《与符舜功》

◎释义

事情不管大小，道不管深浅，都不该强行探索或用力寻求。人们担忧的是没有志向，但是世间存在有志却不如无志的人，这往往都是因为他们有强行探索或用力寻求的毛病。

◎原句

开端发足不可不谨，养正涉邪则当早辨。

——《陆九渊全集》卷五《与吕子约》

◎释义

在一开始的时候就不能不谨慎，是培养正道还是培养邪恶要尽早辨清。

◎原句

志小不可以语大人事。

——《陆九渊全集》卷三十五《语录下》

◎释义

不可以与志向小的人谈论志趣高远的人要做的事。

◎原句

若心在道时，颠沛必于是，造次必于是。

——《陆九渊全集》卷三十五《语录下》

◎释义

如果心中有道，无论是在颠沛流离时，还是在仓促匆忙时，内心都会坚守这个道。

◎原句

　　人惟不立乎大者，故为小者所夺，以叛乎此理，而与天地不相似。

——《陆九渊全集》卷十一《与朱济道》

◎释义

　　一个人因为不立足于大局，所以被小的事情所压倒，背叛了这个理，便与天地不能融为一体。

◎原句

　　人品在宇宙间迥然不同。

——《陆九渊全集》卷三十四《语录上》

◎释义

　　人的品格在这个世界上差别很大。

◎原句

须是有智识，然后有志愿。

——《陆九渊全集》卷三十五《语录下》

◎释义

先要有智慧见识，然后才能确立志向。

◎原句

自立，自重，不可随人脚跟，学人言语。

——《陆九渊全集》卷三十五《语录下》

◎释义

要自立，自重，不要盲目跟从别人的行为，模仿别人的言语。

◎原句

有一段血气，便有一段精神。

——《陆九渊全集》卷三十五《语录下》

◎释义

只要有一段血性之气，就有一股精神。

◎原句

大志不立，未免同乎污世，合乎流俗。

——《陆九渊全集》卷十一《与王顺伯》

◎释义

没有立下远大的志向，就难免与恶劣的风气、污浊的世道同流合污。

◎ 原句

若果有志，且须分别势利、道义两途。

——《陆九渊全集》卷三十五《语录下》

◎ 释义

如果真的有志向，那又要区分追求权势利益和遵循道义两条道路。

◎ 原句

大凡为学须要有所立。

——《陆九渊全集》卷三十五《语录下》

◎ 释义

通常来说，所有做学问的人都须要树立志向。

◎原句

人惟患无志，有志无有不成者。

——《陆九渊全集》卷三十五《语录下》

◎释义

人最大的问题是没有远大的志向，有远大志向的人没有不成功的。

◎原句

宇宙之间，如此广阔，吾身立于其中，须大做一个人。

——《陆九渊全集》卷三十五《语录下》

◎释义

天地之间，山高海阔，我站在这里，要做一个有大格局的人。

◎原句

今时士人读书，其志在于学场屋之文以取科第，安能有大志？

——《陆九渊全集》卷十五《与傅克明》

◎释义

现在的读书人读书，他的目的在于学习科举考试的文章以取得功名，怎么能够有远大理想呢？

◎原句

吾人所安者义理，义理所在，虽刀锯鼎镬有所不避，岂与患得患失之人同其欣戚于一升黜之间哉？

——《陆九渊全集》卷七《与勾熙载》

◎释义

我们安心依靠的是道义，只要是道义在的地方，虽然是刀锯汤锅也不会回避，怎么会像那些患得患失的人，在晋升和降职中或喜或忧呢？

◎原句

古人理会利害便是礼义，后世理会礼义却只是利害。

——《陆九渊全集》卷三十四《语录上》

◎释义

古代的人理解利害是看它对礼义有无利害，后世的人理解礼义却仅仅是看它与人的利害关系。

◎原句

志于学矣，不为富贵、贫贱、患难动心，不为异端邪说摇夺，是下工夫。

——《陆九渊全集》卷三十四《语录上》

◎释义

立志于做学问，不受富贵、贫贱、患难的影响，不被异端邪说动摇，这才是下了功夫。

◎原句

学者须当有所立，免得临时为利害所动。

——《陆九渊全集》卷三十五《语录下》

◎释义

做学问的人应该立下志向，免得遇见事情临时被利害牵动。

◎原句

卓然不为流俗所移，乃为有立。

——《陆九渊全集》卷三十五《语录下》

◎释义

志向卓然而不为社会不良风气所动摇，才算是真正立下志向。

◎原句

必有大疑大惧，深思痛省，决去世俗之习，如弃秽恶，如避寇仇，则此心之灵自有其仁，自有其智，自有其勇，私意俗习如见睍①之雪，虽欲存之而不可得，此乃谓之知至，乃谓之先立乎其大者②。

——《陆九渊全集》卷十五《与傅克明》

◎释义

一定要有很大的质疑和敬畏，进行深刻的思考和反省，远离庸俗的习性，就像是丢弃邪恶、污浊，逃避强盗、土匪一样，那么这个灵敏的心就自然而然具备了仁德，就自然而然有了智慧，就自然而然产生了勇气，自私的思想和庸俗的习性就像天晴日暖下的雪，即使想保存却不可能，这样才能说学问大有长进，才可以说首先把握了人生的大方向。

---

① 睍（xiàn）：太阳的热气。

② "先立乎其大者"出自《孟子·告子上》。

第四章

自省篇

◎原句

钧是人也，己私安有不可克者？顾不能自知其非，则不知自克耳。

——《陆九渊全集》卷一《与邵叔谊》

◎释义

都是一样的人，自己的私心哪里有不能战胜的？只是发现不了自己的错误，才不知道如何战胜自己罢了。

◎原句

此人之过，其初甚小，其后乃大；人之救之，其初则易，其后则难，亦其势然也。

——《陆九渊全集》卷一《与邵叔谊》

◎释义

人的过错，开始的时候很小，到后来就变大了；人们挽救这个人，开始的时候容易，到后面就难了，这也是事情变化的规律。

◎原句

　　人之所以为人者，惟此心而已。一有不得其正，则当如救焦溺而求所以正之者。

　　　　　　　　　　——《陆九渊全集》卷六《与傅全美》

◎释义

　　人之所以成为人，只是拥有这个心罢了。一旦心不正了，就应该像救火灾、救溺水一样，立即把它纠正过来。

◎原句

　　过者，虽古之圣贤有所不免，而圣贤之所以为圣贤者，惟其改之而已。

　　　　　　　　　　——《陆九渊全集》卷六《与傅全美》

◎释义

　　过错，即使是古代的圣贤也不能避免，然而圣贤之所以能成为圣贤，是因为他们能改过。

◎原句

　　人之省过不可激烈，激烈者必非深至，多是虚作一场节目，殊无长味，所谓非徒无益而又害之……若是平淡中实省，则自然优游宽裕，体脉自活矣。

　　　　　　　　　　——《陆九渊全集》卷六《与包详道》

◎释义

　　人的自我反省不要过激，过激的反省一定没有深入内心，多数是假装的表演，没有长久的作用，不仅没有利益，反而有害……如果是在平淡的日子里真正做到了自我反省，内心自然会悠闲宽裕，身体的脉络自然变得通畅活络。

◎原句

　　念虑之不正者，顷刻而知之，即可以正；念虑之正者，顷刻而失之，即是不正。

　　　　　　　　　　——《陆九渊全集》卷二十二《杂说》

◎释义

　　不正确的想法，如果在短时间内察觉，就可以自己纠正；正确的想法，如果在短时间内消失，就会变得不端正。

第四章　自省篇

◎原句

迁善改过莫不由己。善在所当迁，吾自迁之，非为人而迁也；过在所当改，吾自改之，非为人而改也。故其闻过则喜，知过不讳，改过不惮。

——《陆九渊全集》卷六《与傅全美》

◎释义

学习别人的优点，改正自己的缺点，其主动权没有不掌握在自己手里的。善是应该追随的，我应主动去学，不是为了别人才去学；错误是应该改正的，我主动去改正，不是为了别人才去改正。这样就会乐于听到自己的过错，不怕别人看到自己的过错，不怕改正自己的过错。

◎原句

愚人不能迁善远罪，但贪求富贵，却祈神佛以求福，不知神佛在何处，何缘得福以与不善之人也。

——《陆九渊全集》卷二十三《荆门军上元设厅讲义》

◎释义

愚蠢的人不能做到改过向善、远离罪恶，只贪图富贵，却去求神拜佛想得到幸福，不知道神佛在哪里，有什么办法把福气给不善良的人。

◎原句

　　人之所以病道者：一资禀，二渐习。

——《陆九渊全集》卷三十五《语录下》

◎释义

　　人在道义上有弊病的原因：一是天生的资质和禀赋，二是后天渐渐养成的习惯。

◎原句

　　知非则本心即复。

——《陆九渊全集》卷三十五《语录下》

◎释义

　　认识到了自己的错误，那么原本纯洁的心也就随即得到了恢复。

◎原句

深知其非，则蔽解惑去而得所止矣。

——《陆九渊全集》卷一《与赵监》

◎释义

能深刻认识到自己的错误，那么心上的蒙蔽就能解开、疑惑就能清除，从而找到正确的位置并停下来，不再继续错误的行为。

◎原句

溺于俗见，则听正言不入。

——《陆九渊全集》卷三十五《语录下》

◎释义

如果沉溺于世俗偏见，那么正确的言论就听不进去了。

◎原句

泛然求长进，不过欲以己先人，此是胜心。

——《陆九渊全集》卷三十五《语录下》

◎释义

浮于表面地追求进步，只不过是想自己比别人强，这是争强好胜的心态。

◎原句

至于邪恶所在，则君子之所甚疾，是不可毫发存而斯须犯者也。苟一旦而志于仁，斯无是矣。

——《陆九渊全集》卷二十一《论语说》

◎释义

对于邪恶的存在，这是君子最为痛恨的，是绝不能让它有丝毫存在、片刻出现的。如果人一旦立志追求仁德，那么就不会再有邪恶的念头或行为了。

◎原句

义理所在，人心同然，纵有蒙蔽移夺，岂能终泯，患人之不能反求深思耳。

——《陆九渊全集》卷二十《邓文苑求言往中都》

◎释义

道义所在的地方，人心是相同的，即使存在被蒙蔽、被强行改变的情况，怎么可能永远消失，担心的是人不能从自身找原因深刻反省而已。

◎原句

虽古圣贤尚不能无过，所贵能改耳。

——《陆九渊全集》卷七《与张季忠》

◎释义

即使古代的圣贤尚且不可能不犯错误，贵在能改正错误。

◎原句

往往口辟杨、墨，而身为其道者众矣。

——《陆九渊全集》卷十一《与李宰》

◎释义

往往嘴上驳斥杨朱和墨翟的学说，而行为上却照杨朱和墨翟的理论去做的人很多啊。

◎原句

口诵孔、孟之言，身蹈杨、墨之行者，盖其高者也。

——《陆九渊全集》卷十一《与李宰》

◎释义

嘴上诵读孔子和孟子的学说，行动却照杨朱和墨翟的学说去做的人，大概算是他们中品格高尚的了。

◎原句

若茫然而无主，泛然而无归，则将有颠顿狼狈之患，圣贤乐地尚安得而至乎？

——《陆九渊全集》卷五《与杨敬仲》

◎释义

如果茫然无主、泛泛没有归处，那就会有大的困顿来临，哪里还能得到圣贤安乐的境界？

◎原句

道塞天地，人以自私之身，与道不相入。人能退步自省，自然相入。

——《陆九渊全集》卷三十五《语录下》

◎释义

道充塞天地，但人因为自私与道格格不入。人如果能够退一步，反省自己，自然就能与道互相融合。

◎原句

人无好善之心便皆自私，有好善之心便无私。

——《陆九渊全集》卷三十五《语录下》

◎释义

人如果没有喜好善良的心就会变得自私，有了喜好善良的心就会变得无私。

◎原句

有己则忘理，明理则忘己。

——《陆九渊全集》卷三十五《语录下》

◎释义

心中只有自我便会将理丢在一边，能够明辨是非、领悟了理的人则会淡化自我，甚至无我。

◎原句

有过而不能勇改，天下之通患。

——《陆九渊全集》卷二《与王顺伯》

◎释义

有了过错却不能勇于改正，是天下人的通病。

◎原句

非不去，安能著是？过不改，安能迁善？

——《陆九渊全集》卷十四《与罗章夫》

◎释义

错误的不去掉，怎么能保留正确的呢？过失不改正，怎么能做正确的事呢？

◎原句

不知其非，安能去非？不知其过，安能改过？

——《陆九渊全集》卷十四《与罗章夫》

◎释义

不知道什么是错的，怎么能去掉错误？不知道什么是过失，怎么能改正过失呢？

◎原句

自谓知非而不能去非，是不知非也；自谓知过而不能改过，是不知过也。

——《陆九渊全集》卷十四《与罗章夫》

◎释义

自己知道什么是错误却不能远离错误，其实并不是真的知道错误；自己知道犯了过错却不能改正过错，其实并不是真的知道犯了什么过错。

◎原句

真知非则无不能去，真知过则无不能改。

——《陆九渊全集》卷十四《与罗章夫》

◎释义

真正知道什么是错误就不可能不远离错误，真正知道犯了哪些过错就不可能不改正过错。

◎原句

人之患，在不知其非、不知其过而已。

——《陆九渊全集》卷十四《与罗章夫》

◎释义

人们的问题在于不知道什么是错误，不知道犯了什么错误罢了。

◎原句

所贵乎学者，在致其知、改其过也。

——《陆九渊全集》卷十四《与罗章夫》

◎释义

学习的可贵之处，在于掌握知识、改正过错。

◎原句

君子之心未尝不欲其去非而就是，舍邪而适正。

——《陆九渊全集》卷十三《与罗春伯》

◎释义

君子的内心哪里会不想远离错误的、选取正确的，弃绝邪恶而回到正义一边。

◎原句

　　人莫不有夸示己能之心……人莫不有好进之心……人皆恶人言己之短。

——《陆九渊全集》卷三十四《语录上》

◎释义

　　每个人都有向人夸耀自己本领的想法……每个人都有博取功名利禄的心思……每个人都讨厌别人指出自己的短处。

◎原句

　　天下之理但患不知其非，既知其非，便即不为。君子以向晦入宴息①也。

——《陆九渊全集》卷三十四《语录上》

◎释义

　　天下的道理就是这样，只怕他不知道自己错了，既然知道错了，就不会去做。就像君子见天色晚了就会回家睡觉那样平静自如。

----

① "君子以向晦入宴息"出自《周易》。

◎原句

一旦悼平昔之非，正与血气争寨作主。

——《陆九渊全集》卷三十四《语录上》

◎释义

一旦想起自己往日的错误，便会跟血气作斗争。

◎原句

一人之身，善习长而恶习消则为贤人，反是则为愚；一国之俗，善习长而恶习消则为治国，反是则为乱。

——《陆九渊全集》卷九《与杨守》

◎释义

一个人身上，好的习性不断增长，坏的习性逐渐消失，那么他就会成为贤明的人，反之就会成为愚蠢的人；一个国家，好的习俗不断兴盛，坏的习俗逐渐消失，那么这个国家就是安定太平的国家，反之就是动乱不安的国家。

◎原句

　　是心之稂莠萌于交物之初，有滋而无芟，根固于怠忽，末蔓于驰骛，深蒙密覆，良苗为之不殖。

——《陆九渊全集》卷十九《敬斋记》

◎释义

　　心的好与坏在一开始跟外界事物接触的时候便萌芽了，如果坏的东西不断增长却不去割除，态度松散不认真，坏的东西就会扎根下来，枝叶就会蔓长，在枝繁叶茂的坏树覆盖下，良苗就不能繁殖。

第五章

修身篇

◎原句

诚能不安其旧，惟新是图，则本心可以立复，旧习可以立熄。

——《陆九渊全集》卷十《与董元锡》

◎释义

如果真的能够不安于旧的习性，想着重新做人，那么原本善良的心便能够立即得到恢复，旧的习性可以立即被改掉。

◎原句

惟专其心于内，则事父自能孝，事君自能忠。

——《陆九渊全集》附录二《薛氏宗谱序》

◎释义

只要专心于自己的内心修养和道义实践，那么侍奉父母自然会孝顺，侍奉君主自然会忠心。

◎原句

己私未克之人，如在陷阱，如在荆棘，如在泥涂，如在囹圄械系之中。

——《陆九渊全集》卷一《与曾宅之》

◎释义

没有克服个人私心的人，好像在陷阱里，好像在荆棘丛中，好像陷于污泥中，好像在牢狱被脚镣手铐等刑具拘禁起来。

◎原句

行不失其居，居不违其道。

——《陆九渊全集》卷十二《与饶寿翁》

◎释义

行动时要找到适宜的环境和位置，安居时不做违背道义的事情。

◎原句

在上者患不能居下，能守中而居下，安得而不大吉哉？

——《陆九渊全集》卷二十九《黄裳元吉　黄离元吉》

◎释义

位高权重的人最怕没有谦卑的心态，能保持内心的虚无清净并且谦卑，怎么会不大吉大利呢？

◎原句

不曾过得私意一关，终难入德。未能入德，则典则法度何以知之？

——《陆九渊全集》卷三十四《语录上》

◎释义

不能通过私念这一关，就难以成为有道德的人。不能成为有道德的人，那么又怎么能知道典章、准则、法令、制度呢？

◎原句

唐、虞、三代盛时，邪说诐行不作，民生其间，渐于圣人之化，自无昏塞之气、乖薄之质，其迁善远罪之处不谋同方。

——《陆九渊全集》卷五《与吕子约》

◎释义

尧帝、舜帝和夏、商、周三代鼎盛时期，道在天下，没有异端邪说和不合理的行为，百姓生活在这个美好的时代里，在圣人的影响下，自然没有昏愦闭塞的作风习性，远离不正常的性情行为和轻薄的禀性，渐渐地远离罪恶，向"道"转化，没有商量便志同道合。

◎原句

谦则精神浑收聚于内，不谦则精神浑流散于外。

——《陆九渊全集》卷三十六《年谱》

◎释义

谦虚，那么思想意识就全部集中于内心；不谦虚，那么思想意识便全部散落于身外。

◎原句

只刚制于外，而不内思其本，涵养之功不至。若得心下明白正当，何须刚制？

———《陆九渊全集》卷三十五《语录下》

◎释义

只能从外部强行控制自己，而不能在内心思考根本原因，那是涵养功夫不到家。如果人能从心里明白怎样做才正当，哪里需要强行控制自己？

◎原句

已知者，则力行以终之；未知者，学问思辨以求之。

———《陆九渊全集》卷六《与傅圣谟》

◎释义

已经知道的，就要身体力行直到有结果；还不知道的，就要用学习、提问、思考、论辩来寻求答案。

◎原句

用心急者多不晓了，用心平者多晓了。英爽者用心一紧，亦且颠倒眩惑；况昏钝者岂可紧用心耶？

——《陆九渊全集》卷六《与包详道》

◎释义

用心急躁的人多数难以明了，用心平常的人多数会明了。聪明人一旦用心急躁了，也会颠倒迷惑；何况那些本就愚钝的人，他们怎么能用心急躁呢？

◎原句

自欺是欺其心，慎独即不自欺。

——《陆九渊全集》卷三十四《语录上》

◎释义

自我欺骗就是欺骗自己的本心，在无人监督时谨慎从事，自觉遵守各种道德准则，这就是不自我欺骗。

◎原句

伏绝其恶而善自扬耳。

——《陆九渊全集》卷三十四《语录上》

◎释义

隐藏、灭绝恶的行为，善便自然而然显扬。

◎原句

有先生长者在，却不肃容正坐，收敛精神，谓不敬之甚。

——《陆九渊全集》卷三十四《语录上》

◎释义

有老师和长辈在你面前，你却不知道庄重恭敬地端正坐好，约束自己的身心，这就叫大不敬。

◎原句

退步思量，不要骛外。

——《陆九渊全集》卷三十五《语录下》

◎释义

要谦虚、多思考，不要追求外表的东西。

◎原句

后生随身规矩不可失。

——《陆九渊全集》卷三十五《语录下》

◎释义

年轻人在任何时候都不能丢失自己应守的规矩。

◎原句

一实了，万虚皆碎。

——《陆九渊全集》卷三十五《语录下》

◎释义

一件真实的事情得到呈现，所有的虚假都会被粉碎。

◎原句

自得，自成，自道，不倚师友载籍。

——《陆九渊全集》卷三十五《语录下》

◎释义

自己领悟，自己建立，自合天道，不依赖老师、朋友和书籍。

◎原句

泥里洗土块，须是江汉以濯之。

——《陆九渊全集》卷三十五《语录下》

◎释义

在泥水里洗土块是洗不净的，应该用长江和汉水的水来清洗它。

◎原句

教小儿，须发其自重之意。

——《陆九渊全集》卷三十五《语录下》

◎释义

教育小孩子，要启发他谨言慎行、尊重自己人格的意识。

◎原句

有德者必有言，诚有其实，必有其文。

——《陆九渊全集》卷十一《与吴子嗣》

◎释义

有道德的人必然有有价值的言论，如果他真有内在的实际才能，那他必然有相应的言论来体现这些才能。

◎原句

穷壤间，窃取富贵者何限，惟庸人鄙夫羡之耳。识者视之，方深怜甚悯，伤其赋人之形，而不求尽人之道，至与蚁虫同其饱适好恶，虚生浪死。

——《陆九渊全集》卷十二《与黄循中》

◎释义

天地之间，谋取富贵的人太多了，只有庸俗粗鄙的人羡慕他们罢了。睿智的人看到了，就会非常可怜他们，悲哀上天赋予他们人的身体，他们却不尽人的本职，以至于和昆虫一样追求饱暖舒适和喜好厌恶，虚度光阴，浪费生命。

◎原句

　　人之生也本直，岂不快哉！岂不乐哉！

——《陆九渊全集》卷十四《与包敏道》

◎释义

　　人的一生本来就是直率的，多么快活！多么高兴啊！

◎原句

　　人非木石，不能无好恶。然好恶须得其正，乃始无咎。

——《陆九渊全集》卷十四《与侄孙濬》

◎释义

　　人不是木头和石头，不能没有喜好和憎恶。但是喜好和憎恶要合乎正道，这样才不会招致灾祸。

◎原句

优裕宽平，即所存多，思虑亦正。求索太过，即存少，思虑亦不正。

——《陆九渊全集》卷三十五《语录下》

◎释义

心胸宽广、心态平稳，那么本心存养的就多，所思所虑也都是正确的。过度追求索取，那么本心存养的就少，所思所虑也不正确。

◎原句

此心若正，无不是福；此心若邪，无不是祸。

——《陆九渊全集》卷二十三《荆门军上元设厅讲义》

◎释义

这个心如果公平正直，没有什么不是幸福；这个心如果是邪恶的，没有什么不是祸患。

◎原句

圣人之智明彻洞达，无一毫私意芥蒂于其间。

——《陆九渊全集》卷三十《智者术之原论》

◎释义

圣人的智慧透彻明白、洞察一切，其中没有一丝一毫的私心杂念。

◎原句

人惟知所贵，然后知所耻。不知吾之所当贵，而谓之有耻焉者，吾恐其所谓耻者非所当耻矣。

——《陆九渊全集》卷三十二《人不可以无耻》

◎释义

人只有先知道什么是值得尊敬的，然后才知道什么是羞耻的。不知道应该尊敬什么，却说自己有羞耻之心的人，我恐怕他所认为的羞耻并不是应当感到羞耻的事情。

◎原句

千虚不博一实，吾平生学问无他，只是一实。

——《陆九渊全集》卷三十四《语录上》

◎释义

一千件虚假的东西也换取不了一件真实的东西，我这辈子做学问没有别的，就是追求一个真实。

◎原句

人气禀清浊不同，只自完养，不逐物，即随清明，才一逐物便昏眩了。

——《陆九渊全集》卷三十五《语录下》

◎释义

人的天性禀赋有清澈和混浊的不同，如果注重提升自我修养，不随波逐流追求外物，心就会变得清明，而一旦开始追求外物，心就变得昏乱迷惑。

◎原句

正人之本难，正其末则易。

——《陆九渊全集》卷三十四《语录上》

◎释义

要改变一个人的根本很难，要改变一个人的末节则很容易。

◎原句

人精神在外，至死也劳攘，须收拾作主宰。

——《陆九渊全集》卷三十五《语录下》

◎释义

人如果精神散逸在外，那到死都在劳碌，须要收它回来做自我的主宰。

◎ 原句

收得精神在内时，当恻隐即恻隐，当羞恶即羞恶。谁欺得你？谁瞒得你？

——《陆九渊全集》卷三十五《语录下》

◎ 释义

当我们把精神收敛于内时，该生恻隐之心时就会生出恻隐之心，该生羞恶之心时就会生出羞恶之心。谁骗得了你？谁瞒得了你？

◎ 原句

世俗不晓，只将目前富贵为福，目前患难为祸。不知富贵之人，其心若邪，其事恶，是逆天地，逆鬼神，悖圣贤之训，畔君师之教，天地鬼神所不宥，圣贤君师所不与，忝辱父祖，自害其身。

——《陆九渊全集》卷二十三《荆门军上元设厅讲义》

◎ 释义

世俗的人不通晓事理，只把眼前的富贵当作福，眼前的患难当作祸。不知道富贵的人，如果存邪心，做恶事，就是逆反天地，忤逆鬼神，违背圣贤的训示，背弃师长的教诲，天地鬼神都不会宽恕他，圣贤师长都不会容忍他，因为他辱没了祖先，害了自己。

◎原句

存养是主人，检敛是奴仆。

——《陆九渊全集》卷三十五《语录下》

◎释义

为学时应以对本心的保存与涵养为主，对自己行为的检查与收敛是次要的。

◎原句

若其心正，其事善，虽不曾识字，亦自有读书之功；其心不正，其事不善，虽多读书，有何所用？用之不善，反增罪恶耳。

——《陆九渊全集》卷二十三《荆门军上元设厅讲义》

◎释义

如果内心公平正直，行事善良，虽然不识字，但也一样拥有读书带来的益处；如果内心不正，行事不善，虽然读了很多书，有什么用呢？知识用在不善的地方，反而增加罪恶。

◎ 原句

若涵养此心，便是圣贤。

——《陆九渊全集》卷三十五《语录下》

◎释义

如果谁能够滋润养育这个原本纯洁的心，那么他就是圣贤。

◎原句

若某则不识一个字，亦须还我堂堂地做个人。

——《陆九渊全集》卷三十五《语录下》

◎释义

假使我一个字也不认识，我也仍旧要堂堂正正地做个人。

◎原句

若能保有是心，即为保极，宜得其寿，宜得其福，宜得康宁，是谓攸好德，是谓考终命……身或不寿，此心实寿，家或不富，此心实富，纵有患难，心实康宁。或为国死事，杀身成仁，亦为考终命。

——《陆九渊全集》卷二十三《荆门军上元设厅讲义》

◎释义

如果能够保持这样的心，就是遵守法则，应该得到高寿，应该得到幸福，应该得到健康安宁，这就是喜好美德，这就是安享天年……也许身体不长寿，但精神长存；也许家庭不富裕，但精神富有；即使身在困难和危险的处境，心里也感到健康平安。有的人为国家牺牲，为正义事业牺牲，也是安享天年。

◎原句

己之德已明，然后推其明以及天下。

——《陆九渊全集》卷三十五《语录下》

◎释义

自己的德行光明了，然后让它的光明影响天下人。

◎原句

志于声色利达者，固是小；剿摸人言语的，与他一般是小。

——《陆九渊全集》卷三十五《语录下》

◎释义

立志于追求歌舞、女色、名利、地位的人，固然是小人；然而抄袭、窃取别人的言语或思想的人，同他一样，也是小人。

◎原句

人生天地间，如何不植立。

——《陆九渊全集》卷三十五《语录下》

◎释义

人生在天地之间，为什么不有所建树。

◎原句

果能尽人道，则政必敏矣。

——《陆九渊全集》卷三十五《语录下》

◎释义

能真正遵循为人之道，那么处理政事也一定会勤勉。

◎原句

陋巷茅茨之间，有笃敬忠信好学之士，不以其微贱而知崇敬之，则风俗庶几可回矣。

——《陆九渊全集》卷三十六《年谱》

◎释义

狭窄破旧的街巷和茅屋里，有笃厚恭敬、忠诚守信、热爱学习的人，人们不因为他社会地位低下而轻视他，反而知道崇拜、尊敬他，那么良好的社会风气差不多就能够恢复了。

◎原句

染习深者难得净洁。

——《陆九渊全集》卷三十四《语录上》

◎释义

沾染恶习非常深的人很难恢复纯净。

◎原句

凡弃人绝物之心皆不仁也。

——《陆九渊全集》卷十四《与侄孙濬》

◎释义

凡是嫌弃他人、断绝与万物联系的人，都属于没有仁义道德的人。

◎原句

学者先须不可陷溺其心，又不当以学问夸人。

——《陆九渊全集》三十五卷《语录下》

◎释义

做学问的人首先不可拘泥束缚自己的心，其次也不应当拿自己的学识向别人炫耀。

◎原句

夸人者，必为人所攻。

——《陆九渊全集》卷三十五《语录下》

◎释义

在别人面前炫耀自己，必然会遭到别人的攻击。

◎原句

精神不运则愚，血气不运则病。

——《陆九渊全集》卷三十五《语录下》

◎释义

　　人的思维不活跃就会变得愚笨，人的气血不循环就会生病。

◎原句

　　忠者何？不欺之谓也；信者何？不妄之谓也。

——《陆九渊全集》卷三十二《主忠信》

◎释义

　　忠是什么？就是不欺骗；信是什么？就是不撒谎。

◎原句

人而不欺，何往而非忠？人而不妄，何往而非信？

——《陆九渊全集》卷三十二《主忠信》

◎释义

人如果不行骗，走到哪里会被认为不忠？人如果不撒谎，走到哪里会得不到信任？

◎原句

甘为不善而不之改者，是无耻也。

——《陆九渊全集》卷三十二《人不可以无耻》

◎释义

甘愿做坏事并且坚决不改的人，就是无耻的人。

◎原句

有所忿懥^①，则不足以服人；有所恐惧，则不足以自立。

——《陆九渊全集》卷三十五《语录下》

◎释义

心有怨恨愤怒，那么就很难使人信服；心有恐惧，那么就难以自我独立。

◎原句

不谦则必自尊自耀，自尊则人必贱之，自耀则德丧，能谦则自卑自晦，自卑则人尊之，自晦则德益光显。

——《陆九渊全集》卷三十四《语录上》

◎释义

不谦虚的人必定会妄自尊大、自我炫耀，妄自尊大就必定会被别人看轻，自我炫耀就会丧失自己的美德。能保持谦虚，就会自我贬抑，隐藏自己的才能和名声。自我贬抑，别人反而会尊敬你；自隐才能和名声，你的德行反而更加彰显光明。

---

① 忿懥（zhì）：怨恨愤怒。

◎原句

凡不言而信，不怒而威者乃所以为德也。

——《陆九渊全集》卷二十九《庸言之信，庸行之谨。闲邪存其诚，善世而不伐，德博而化（解试）》

◎释义

凡是不用说什么就能得到别人的信任，不必发怒就有威严的人，才是真正有高尚品行的人。

◎原句

常人所欲在富，君子所贵在德。

——《陆九渊全集》卷二十二《杂说》

◎释义

普通人追求的是财富，君子看重的则是品德。

◎原句

人之患莫大乎无耻。人而无耻，果何以为人哉？

——《陆九渊全集》卷三十二《人不可以无耻》

◎释义

做人最大的问题莫过于不知羞耻。人如果不知羞耻，终究凭什么做人呢？

◎原句

庸言之必信，庸行之必谨，是知所以成己矣。

——《陆九渊全集》卷二十九《庸言之信，庸行之谨。闲邪存其诚，善世而不伐，德博而化（解试）》

◎释义

日常的言语一定要守信，日常的行为一定要谨慎，这样才能明白如何成就自己。

◎原句

足下顾未知自爱，安能爱我哉？

——《陆九渊全集》卷十《与涂任伯》

◎释义

您尚且不知道爱护自己的身体、珍惜自己的名誉，怎么能够爱我呢？

◎原句

但自考其心，则知福祥殃咎之至，如影随形，如响应声，必然之理也。

——《陆九渊全集》卷二十三《荆门军上元设厅讲义》

◎释义

只要检点自己的行为、审视自己的内心，就会知道好运、吉祥、灾祸、不幸的降临，就像身影紧随身体、回声紧跟着声音一样，这是必然的道理。

◎原句

善之在人，犹在己也。

——《陆九渊全集》卷十一《与吴子嗣》

◎释义

长处在别人身上，就像是自己有这些长处一样高兴。

◎原句

人所不见，此心昭然。

——《陆九渊全集》卷二十《赠陈晋卿》

◎释义

在人们看不到的地方，这个心依然光明磊落。

◎原句

人之所喻由其所习，所习由其所志。志乎义，则所习者必在于义。所习在义，斯喻于义矣。志乎利，则所习者必在于利。所习在利，斯喻于利矣。

——《陆九渊全集》卷二十三《白鹿洞书院讲义》

◎释义

人们所通晓的事理是由他学习的内容决定的，而学习的内容又是由他的志向决定的。如果他的志向在于道义，那么他的学习内容就合乎道义。他的学习内容合乎道义，他就能明白道义。如果他的志向在于利益，那么他的学习就必须专注于追求利益。他的学习专注于追求利益，他就只能明白利益。

◎原句

知天灾有可销去之理，则无疑于天人之际而知所以自求多福矣。

——《陆九渊全集》卷二十三《大学春秋讲义》

◎释义

知道天灾可以（因人的修行）而加以消除的道理，那么就不会怀疑人与自然能和谐相处，并且知道通过自己的努力能够寻求到更多的幸福。

◎原句

若寻常思量得，临事时自省力，不到得被陷溺了。

——《陆九渊全集》卷三十五《语录下》

◎释义

如果平时思考有所得，遇见突发事件的时候便省得再思考，不会陷入错误的境地且无法自拔。

◎原句

无德而富，徒增其过恶，重后日之祸患，今日虽富，岂能长保？

——《陆九渊全集》卷二十二《杂说》

◎释义

如果没有好品德却富有，那只是增加他的罪恶，会加重日后的祸患，目前即使富有，没有德行怎能保证长久？

◎原句

棋所以长吾之精神，瑟所以养吾之德性。

——《陆九渊全集》卷三十五《语录下》

◎释义

随着棋艺的提高我的精神强大了，随着琴瑟水平的长进我的品德得到了很好的涵养。

◎原句

先入者为主，如一器皿，虚则能受物，若垢污先入，后虽欲加以好水亦费力。

——《陆九渊全集》卷三十五《语录下》

◎释义

首先接受的事物印象最深，就像一个容器，里面空着便能装东西，如果先放进了污浊的东西，后面即使想将澄净的水装进去也变得非常困难。

◎原句

求处情，求处厚，求下贤，欲行浮于名，耻名浮于行。

——《陆九渊全集》卷二十二《杂说》

◎释义

人应该追求与他人建立深厚情谊，保持为人处世的厚道，谦逊地尊敬贤能的人，希望自己的行为能够超越名声，以名声超过行为为耻。

◎原句

人之所当贵者，固天之所以与我者也，而或至于戕贼陷溺，颠迷于物欲，而不能以自反，则所可耻者亦孰甚于此哉？

——《陆九渊全集》卷三十二《人不可以无耻》

◎释义

人应当珍视的，是上天赐给我们的本性与天赋，但有人却自我残害、堕落沉沦，因放纵物欲而迷失自我，还不懂得反省，这难道不比失去那些宝贵品质还要可耻吗？

◎原句

学者求理，当唯理之是从，岂可苟私门户！

——《陆九渊全集》卷十五《与唐司法》

◎释义

做学问的人追求理，就应当一心追求理，怎么可以偏心于某个宗派！

◎原句

一人之仁不若一家之仁之为美，一家之仁不若邻焉皆仁之为美，其邻之仁不若里焉皆仁之为美也。

——《陆九渊全集》卷三十二《里仁为美》

◎释义

一个人具有良好的品德不如一家人具有良好的品德更好，一家人具有良好的品德不如街坊邻居都具有良好的品德更好，街坊邻居都具有良好的品德不如一个村的人都具有良好的品德更好。

◎原句

必有所辨，然后私说可得而破；必有所主，然后私意可得而绝。道之所在，固非私说之可拟；中之所存，固非私意之可间。

——《陆九渊全集》卷三十二《汝分猷念以相从，各设中于乃心》

◎释义

一定要有辨别的能力，然后个人的片面见解才能被发现并破除；一定要让道义做自己的主人，然后私心才能被消灭。道义在的地方，本来就不是个人的片面见解可以比拟的；能做到不偏不倚，也本就不是私心所能够离间的。

◎原句

人不可以自弃，义不可以少忘。

——《陆九渊全集》卷十五《与朱子渊》

◎释义

做人不能自我放弃，正义也不可以稍有遗忘。

◎原句

趋向之大端则不可以有二，同此则是，异此则非。向背之间、善恶之分、君子小人之别，于是决矣。

——《陆九渊全集》卷三十二《毋友不如己者》

◎释义

追求的主要目标不可以有两个，与主要目标一致的就是正确的，与主要目标不一致的就是错误的。拥护或反对、善恶的区分、君子和小人的区别在这里就能确定了。

◎ 原句

改过迁善，固应无难。为仁由己[①]，圣人不我欺也。

——《陆九渊全集》卷五《与杨敬仲》

◎释义

改正过失而向善，本来就应该没什么难办的。实行仁德完全在于自己，圣人没有欺骗我啊。

---

① "为仁由己"出自《论语·颜渊》。

◎原句

去不仁乃所以为仁，去不善乃所以为善也。

——《陆九渊全集》卷五《与辛幼安》

◎释义

远离不仁，就是为了实践仁；抛弃不善，就是为了做到善。

◎原句

君子正身以正四方，修己以安百姓。

——《陆九渊全集》卷二十九《庸言之信，庸行之谨。闲邪存其诚，善世而不伐，德博而化（解试）》

◎释义

君子要端正自身来治理国家，修养自身来使百姓安定。

◎原句

　　某平生有一节过人，他人要会，某不会；他人要做，某不做。

——《陆九渊全集》卷三十五《语录下》

◎释义

　　我这辈子有一个方面比别人强，别人要学的，我不学；别人要做的，我不做。

◎原句

　　闻善而慕，知过而惧，皆君子之徒也。

——《陆九渊全集》卷三《与黄日新》

◎释义

　　听说别人好的言行就心生仰慕，知道自己有过错就心生畏惧，这样的人都是君子的同类。

◎原句

诚使心不狂妄，而身中规矩准绳，不亦善乎？

——《陆九渊全集》卷四《与诸葛诚之》

◎释义

果真能使内心不狂妄，行为举止都遵守标准法则，那不也很好吗？

◎原句

有而不居为谦，谦者，不盈也。盈则其德丧矣。常执不盈之心，则德乃日积，故曰"德之柄"①。

——《陆九渊全集》卷三十四《语录上》

◎释义

拥有道德而不居功自傲，这叫谦逊。谦逊的人，不会自我满足。如果自我满足，那么他所拥有的道德就会慢慢地丧失。若能经常保持不自满的心境，那么道德将日益积累，因此说是"道德的基石"。

---

① 出自《周易》。

◎原句

大冬之与大夏，寒暑之相去远矣，而其运未始顿异；毫末之与合抱，小大之相去远矣，而其生未始顿进。

——《陆九渊全集》卷四《得解见通判》

◎释义

隆冬与盛夏的寒冷暑热相差很远，但季节的更迭并不是一开始就突然变得如此不同的；纤细的树苗长成几个人合抱粗的高大树木，小和大相差这么远，它的生长也并不是一开始就突然快速增长的。

◎原句

善恶之习犹阴阳之相为消长，无两大之理。

——《陆九渊全集》卷九《与杨守》

◎释义

善良和丑恶的习性就像是阴与阳一样，此消彼长，没有善良和丑恶同时增强的道理。

第六章

为人篇

◎原句

　　须思量天之所以与我者是甚底？为复是要做人否？理会得这个明白，然后方可谓之学问。

　　　　　　　　　　　　——《陆九渊全集》三十五《语录下》

◎释义

　　要思考上天赋予我们的究竟是什么？是不是为了让我们好好做人？我们明白了这个道理，然后才能称得上是有了学问。

◎原句

　　天地人之才等耳，人岂可轻？人字又岂可轻？

　　　　　　　　　　——《陆九渊全集》卷三十五《语录下》

◎释义

　　天、地、人三才都是平等的，人怎么能被轻视呢？"人"这个字又怎么能被轻视呢？

◎原句

人生天地间，为人自当尽人道。学者所以为学，学为人而已，非有为也。

——《陆九渊全集》卷三十六《年谱》

◎释义

人生在天地之间，做人自然就要尽人道。求学的人之所以求学，就是要学做人罢了，并不是为了有很大的作为。

◎原句

某今亦教人做时文，亦教人去试，亦爱好人发解之类，要晓此意是为公，不是私。

——《陆九渊全集》卷三十五《语录下》

◎释义

我现在也教人写应对科举考试的文章，也鼓励他们去参加科举考试，也喜欢看到他们从乡试中脱颖而出，获得解送京城参加会试的资格，但要知道，我这么做是出自公心，不是为了私利。

◎原句

今人只读书便是利，如取解后又要得官，得官后又要改官。自少至老，自顶至踵，无非为利。

——《陆九渊全集》卷三十六《年谱》

◎释义

现在的人只知道读书是为了谋求利益，比如通过了乡试获得解送资格后，便想着当官，当了官以后又要升官。从年轻到年老，从头顶到脚跟，所做的一切无非都是为了利益。

◎原句

儒者以人生天地之间，灵于万物，贵于万物，与天地并而为三极。

——《陆九渊全集》卷二《与王顺伯》

◎释义

读书人认为，人生在天地之间，比万物更有灵性，比万物更尊贵，与天、地并列为三才。

◎原句

君子欲行之浮于言，不欲言之浮于行。

——《陆九渊全集》卷三十二《〈续书〉何始于汉》

◎释义

君子想做到的比说的多，不想说的比做到的多。

◎原句

有益于己者为利，天下之有益于己者莫如善。

——《陆九渊全集》卷三十四《语录上》

◎释义

对自己有好处的就是利益，而世界上对自己最有好处的莫过于善了。

◎原句

恶与过不同，恶可以遽免，过不可以遽免。贤台蘧伯玉，欲寡其过而未能。

——《陆九渊全集》卷二十一《论语说》

◎释义

恶行与过失不一样，恶行是可以立刻避免的，过失却很难立刻避免。像蘧伯玉那样贤德的人，想要减少自己的过错，也难以立刻办到。

◎原句

人当先理会所以为人，深思痛省，枉自汩没虚过日月。

——《陆九渊全集》卷三十五《语录下》

◎释义

人应当首先弄清楚人之所以为人的道理，对此进行深刻思考和反省，以免白白地虚度光阴。

◎原句

所谓小人者，岂险贼不正之谓哉？

——《陆九渊全集》卷三《与曹立之》

◎释义

所说的小人，难道专指阴险奸诈、不正派的人吗？

◎原句

大人凝然不动，不如此，小家相。

——《陆九渊全集》三十五卷《语录下》

◎释义

德行高尚的人都庄重沉稳、不为外物所动，不这样，就显得小家子气了。

◎原句

　　若不知人之所以为人，而与之讲学，遗其大而言其细，便是"放饭流歠而问无齿决"①。若能知其大，虽轻，自然反轻归厚。

　　　　　　　　——《陆九渊全集》卷三十五《语录下》

◎释义

　　如果不懂得人之所以为人的道理，便与他讲学论道，就是遗漏了根本的大道理而只讲细节，那就像"在尊长面前大口扒饭喝汤，却讲求不用牙齿咬断干肉"。如果能懂得大道理，虽然看似简单、轻松，实质上却抓住了要害，显得厚重而有分量。

◎原句

　　上是天，下是地，人居其间。须是做得人，方不枉了。

　　　　　　　　——《陆九渊全集》卷三十五《语录下》

◎释义

　　头上是天，脚下是地，人在天地之间。要做一个堂堂正正的人，才不白来世上一趟。

① 出自《孟子·告子上》。

◎原句

今人略有些气焰者，多只是附物，元非自立也。

——《陆九渊全集》卷三十五《语录下》

◎释义

现在稍微有一点儿威风气势的人，大多只是依附于权势罢了，这本来就不是真正的自立。

◎原句

既不知尊德性，焉有所谓道问学？

——《陆九渊全集》卷三十四《语录上》

◎释义

既然不知道尊崇人的品德和本性，哪里会有对知识学问的追求呢？

第七章

劝学篇

◎原句

博学于文，岂害自得？

——《陆九渊全集》卷四《与刘淳叟》

◎释义

广泛地学习各种文化知识，难道会妨碍我们达到真正的自我领悟吗？

◎原句

学问固无穷已，然端绪得失则当早辨，是非向背可以立决。

——《陆九渊全集》卷一《与邵叔谊》

◎释义

做学问固然没有穷尽的时候，但是研究的方向与得失应当尽早分辨清楚，这样，正确的还是错误的、应该拥护的还是应该反对的，就可以迅速判断。

◎ 原句

古先圣贤，无不由学。

——《陆九渊全集》卷一《与李省干》

◎ 释义

古时候的圣贤们，无一不是通过学习而成。

◎ 原句

为学固不可迫切，亦当有穷究处，乃有长进。

——《陆九渊全集》卷二《与吴显仲》

◎ 释义

学习本来就不能急于求成，而应该竭尽全力深究，才会有进步。

◎原句

读书本不为作文，作文其末也。

——《陆九渊全集》卷四《与曾敬之》

◎释义

读书原本并不是为了写文章，写文章只是其细枝末节。

◎原句

学无二事，无二道，根本苟立，保养不替，自然日新。所谓可久可大者，不出简易而已。

——《陆九渊全集》卷五《与高应朝》

◎释义

学习没有第二件要事，也没有第二条道路，一旦心的根本得以确立，持续不断地提升修养，自然每天都有进步。这就是所谓的长久而广大的事业，其实都源于那些简单易行的方法。

◎原句

大抵学者各倚其资质闻见，病状虽复多端，要为戕贼其本心，则一而已。

————《陆九渊全集》卷五《与高应朝》

◎释义

一般来说，读书人各自依靠自己的资质、经验和认知来学习，产生的问题虽然多种多样，但归根结底都会伤害他们的本心，这一点是共同的。

◎原句

后生看经书，须着看注疏及先儒解释。不然，执己见议论，恐入自是之域，便轻视古人。

————《陆九渊全集》卷三十五《语录下》

◎释义

年轻人读儒家经典著作，一定要看注文和疏解及先贤的注解。不这样的话，就会以自己的看法发表议论，恐怕会陷入自以为是的境地，便会轻视古人。

◎原句

读书固不可不晓文义，然只以晓文义为是，只是儿童之学，须看意旨所在。

——《陆九渊全集》卷三十五《语录下》

◎释义

读书固然不能不通晓文章的字面意义，然而只以通晓文章的字面意义为主要目的，这只是小孩读书的方法，还是要看文章的意图和主旨所在。

◎原句

人莫先于自知，不在大纲上，须是细腻求。

——《陆九渊全集》卷三十五《语录下》

◎释义

对一个人来说，没有比先认识自己更重要的了，这种认识不能只是粗略地了解大概，必须细致深入地去探求。

◎原句

学者大病在于师心自用。

——《陆九渊全集》卷三《与张辅之》

◎释义

读书人最大的弊病在于只相信自己，不肯接受别人的正确意见。

◎原句

学能变化气质。

——《陆九渊全集》卷三十五《语录下》

◎释义

学习能改变人的气质。

◎原句

学者须是打叠田地净洁，然后令他奋发植立。

——《陆九渊全集》卷三十五《语录下》

◎释义

读书人应像农民种地一样，先去除心田里的杂草和异物，然后才能奋发自立。

◎原句

人之不可以不学，犹鱼之不可以无水。

——《陆九渊全集》卷十二《与黄循中》

◎释义

人不可以不学习，就像鱼不能没有水一样。

◎原句

为学只要睹是，不要与人较胜负。

——《陆九渊全集》卷十五《与陶赞仲》

◎释义

研究学问只要明白正确所在，不要和别人计较输赢。

◎原句

自古圣人亦因往哲之言、师友之言乃能有进。况非圣人，岂有自任私知而能进学者？

——《陆九渊全集》卷二十一《学说》

◎释义

自古圣人也要借助前贤先哲的教诲和老师朋友的建议，才能有所长进。何况不是圣人的普通人，哪有自以为是、只靠自己那点见识就能增进学问的人呢？

◎原句

无志则不能学，不学则不知道。故所以致道者在乎学，所以为学者在乎志。

——《陆九渊全集》卷二十一《论语说》

◎释义

没有志向就不能学习，不学习就不能明白道。因此，要想通晓大道，关键在于学习，而读书人的根本在于立志。

◎原句

艺者，天下之所用，人之所不能不习者也。

——《陆九渊全集》卷二十一《论语说》

◎释义

技艺是天下人所必须使用的，人不能不练习。

◎原句

　　所谓读书，须当明物理，揣事情，论事势。且如读史，须看他所以成、所以败、所以是、所以非处。优游涵泳，久自得力。若如此读得三五卷，胜看三万卷。

　　　　　　　　——《陆九渊全集》卷三十五《语录下》

◎释义

　　所说的读书，必须探明事物的道理，揣摩事情的来龙去脉，论证事情的情势变化。如果是读史书，必须分析历史上的事件为什么会成功，为什么会失败，对在什么地方，错在什么地方。这样从容求索，深入体会，时间长了就能有收获。如果像这样认真地读三五卷书，其效果超过随意读三万卷书。

◎原句

　　今之学者读书只是解字，更不求血脉。

　　　　　　　　——《陆九渊全集》卷三十五《语录下》

◎释义

　　现在的读书人看书只停留在读懂字的意思，而不去探究书中的根本道理。

◎原句

君子虽多闻博识，不以此自负。

——《陆九渊全集》卷三十五《语录下》

◎释义

君子虽然见多识广，但不会因此自高自大。

◎原句

大凡文字，宁得人恶，得人怒；不可得人羞，得人耻。

——《陆九渊全集》卷三十五《语录下》

◎释义

但凡是文字作品，宁愿引得人家讨厌，引得人家愤怒；不能让人家感到羞耻，让人家蒙受耻辱。

◎原句

学问若有一毫夹带，便属私小而不正大，与道不相似矣。

——《陆九渊全集》卷三十五《语录下》

◎释义

学问中如果掺杂了一丝一毫的私心杂念，那就属于偏私狭小而不光明正大，与道没有相似之处。

◎原句

小疑则小进，大疑则大进。

——《陆九渊全集》卷三十六《年谱》

◎释义

小的疑问会带来小的进步，大的疑问会带来大的进步。

◎原句

书亦政不必遽尔多读，读书最以精熟为贵。

——《陆九渊全集》卷十四《与胥必先》

◎释义

书不必急于多读，读书以做到精通纯熟为最可贵。

◎原句

学者读书，先于易晓处沉涵熟复，切己致思，则他难晓者涣然冰释矣。若先看难晓处，终不能达。

——《陆九渊全集》卷三十四《语录上》

◎释义

求学的人读书，首先要在容易懂的地方深入钻研、反复体会，并联系自身认真思考，那么其他难以理解的地方，就会像冰块融化一般自然消除。如果一开始就去看难懂的地方，终究不能领悟明白。

◎原句

学问贵细密，自修贵勇猛。

——《陆九渊全集》卷三十四《语录上》

◎释义

做学问最可贵的是精细周密，自我修养最可贵的是勇猛精进。

◎原句

人之文章多似其气质。

——《陆九渊全集》卷三十四《语录上》

◎释义

一个人的文章大多能反映出他本人的气质。

◎原句

善学者如关津，不可胡乱放人过。

——《陆九渊全集》卷三十五《语录下》

◎释义

善于学习的人学习时要像把守关卡一样，不懂的地方不能随意放人过去。

◎原句

人之知识若登梯然，进一级则所见愈广。上者能兼下之所见，下者必不能如上之所见。

——《陆九渊全集》卷十八《删定官轮对札子》

◎释义

人的知识好比爬梯子一样，往上爬一级，那么所能看到的景象就越广阔。在梯子高处的人能够同时看到在梯子低处的人所能看到的景象，而在梯子低处的人一定不能看到在梯子高处的人所能看到的景象。

◎原句

学者须是有志。读书只理会文义，便是无志。

——《陆九渊全集》卷三十五《语录下》

◎释义

读书人必须要有志向。若读书只求了解文章的文字意义，这就是无志的表现。

◎原句

人苟有志于学，自应随分有所长益。所可患者，有助长之病耳。

——《陆九渊全集》卷七《与张季忠》

◎释义

人假如立志学习，自然会有所长进和收益。需要警惕的是，有急于求成的毛病。

◎原句

为学有讲明，有践履。

——《陆九渊全集》卷十二《与赵咏道》

◎释义

研究学问要有理论上的解释说明，有行动上的实践。

◎原句

玉之瑕终瑕，瑜终瑜，人则不然，学则瑕者瑜，不学则瑜者瑕。

——《陆九渊全集》卷二十《朱氏子更名字说》

◎释义

玉石的斑点永远是斑点，光彩永远是光彩，人却不是这样，学习可以使缺点转变成优点，不学习则使优点转变成缺点。

◎原句

苟不明于理而惟书之信，幸而取其真者也，如其伪而取之，则其弊将有不可胜者矣。

——《陆九渊全集》卷三十二《取二三策而已矣》

◎释义

如果对理不明白而只相信《尚书》，如果相信的是真的部分还算幸运，如果相信了假的部分，那么弊端将无穷无尽。

◎原句

凡欲为学，当先识义利、公私之辨。今所学果为何事？

——《陆九渊全集》卷三十五《语录下》

◎释义

凡是想做学问，首先要认清义与利、公与私的区别。现在读书到底是为了什么呢？

◎原句

田地不净洁，亦读书不得。若读书，则是"假寇兵，资盗粮"。

——《陆九渊全集》卷三十五《语录下》

◎释义

心地不干净，也不能读书。如果读了书，那么就是"给土匪送武器，替强盗送粮食"。

◎原句

某读书只看古注，圣人之言自明白。

——《陆九渊全集》卷三十五《语录下》

◎释义

我读书只看古书上的原注，圣人的话语自然就明白了。

◎原句

学也者，是所以致明致知之道也。

——《陆九渊全集》卷三十二《好学近乎知》

◎释义

学习，是能够使人变得明智并获得知识的路径。

◎原句

学果可以致明而致知，则好学者可不谓之近智乎？

——《陆九渊全集》卷三十二《好学近乎知》

◎释义

如果学习真能够使人变得明智并获得知识，那么那些热爱学习的人，难道不可以说是接近智慧的人吗？

◎原句

又以无疑为疑，是未能无疑也。

——《陆九渊全集》卷十《与詹子南》

◎释义

若把已经无疑问的地方还当作有疑问，这恰恰说明还没有真正做到没有疑问。

◎原句

学所以开人之蔽而致其知，学而不知其方，则反以滋其蔽。

——《陆九渊全集》卷二十《送杨通老》

◎释义

学习是用来解开人们的蒙蔽，从而让人们获得知识的。但如果学习却不懂得方法，反而会增加人们的困惑。

◎原句

观古人之书，泛然而不得其实，则如弗观而已矣。

——《陆九渊全集》卷二十四《策问》

◎释义

看古人的书，泛泛而读不得其要领，还不如不看。

◎原句

学苟知本，《六经》皆我注脚。

——《陆九渊全集》卷三十四《语录上》

◎释义

做学问如果想要懂得根本，那么《诗经》《书经》《仪礼》《易经》《乐经》《春秋》都是我本心的注解。

◎原句

学者须先立志，志既立，却要遇明师。

——《陆九渊全集》卷三十四《语录上》

◎释义

读书人必须首先树立远大的志向。志向树立后，还需要遇到贤明的老师。

◎原句

学者不可用心太紧。深山有宝，无心于宝者得之。

——《陆九渊全集》卷三十四《语录上》

◎释义

读书人求学不要急功近利。大山深处的宝物，往往被没有刻意寻找宝物的人得到。

◎原句

　　读书不必穷索，平易读之，识其可识者，久将自明，毋耻不知。

　　　　　　　　　　　——《陆九渊全集》卷三十五《语录下》

◎释义

　　读书不用苦苦深究每一个细节，就从简单易懂的地方开始阅读，理解自己能够理解的内容，时间久了自然就会领悟更多，不要因为有不懂的地方而感到羞耻。

◎原句

　　书非贵口诵，学必到心斋。

　　　　　　　　　　　——《陆九渊全集》卷三十六《年谱》

◎释义

　　读书重要的不在于死记硬背，学习一定要内化到心灵深处。

◎原句

读书之法，须是平平淡淡去看，子细玩味，不可草草。

——《陆九渊全集》卷三十五《语录下》

◎释义

读书的方法，应当是平心静气去看，细心体会其中意味，不可马虎草率。

◎原句

博学、审问、谨思、明辨、笃行，博学在先，力行在后。吾友学未博，焉知所行者是当为？是不当为？

——《陆九渊全集》卷三十五《语录下》

◎释义

广博地学习、详细地询问、谨慎地思考、明白地辨别、切实地行动，广博地学习在最前面，切实地行动在最后面。我的朋友，你还没有广博地学习，怎么知道你现在做的是该做的？还是不该做的？

◎原句

学问不实，与朋友切磋不能中的，每发一论，无非泛说，内无益于己，外无益于人，此皆己之不实，不知要领所在。

——《陆九渊全集》卷三十五《语录下》

◎释义

学问不踏实，和朋友讨论不能切中要点，每次发表言论，都是泛泛而谈，这样对内自己没有收益，对外别人也没有收益，这都是因为你自己学问不踏实，没有抓住要领。

◎原句

不志于学，虽高才美质，博物洽闻，终亦累于其私。

——《陆九渊全集》卷十三《与潘文叔》

◎释义

一个人不能立志于学习，即使才智高超、天资聪颖、知识丰富、见闻广博，最终也会被自己的私欲所牵累。

◎原句

学问须论是非，不论效验。

——《陆九渊全集》卷三十五《语录下》

◎释义

对于知识，应该判别它的对与错，不要问效果如何。

◎原句

为学患无疑，疑则有进。

——《陆九渊全集》卷三十五《语录下》

◎释义

学习最怕没有疑问，有疑问学习就能有进步。

◎原句

论古之是非得失而不及今之施设措置，吾未见其为果知古也。

——《陆九渊全集》卷三十一《问唐取民制兵建官》

◎释义

只会谈论古代的是非得失，却不能为现在的事情拿出对策、设置制度，那我可不觉得这样的人是真的懂历史。

◎原句

学者不自着实理会，只管看人口头言语，所以不能进。

——《陆九渊全集》卷三十五《语录下》

◎释义

读书人如果不能自己切实地深入思考和理解，只听别人口头上的言语议论，那就不能有所进步。

◎原句

昔人之书不可以不信，亦不可以必信，顾于理如何耳。

——《陆九渊全集》卷三十二《取二三策而已矣》

◎释义

古人书中说的不可以不相信，也不可以全都相信，要注意是否合乎理。

◎原句

私见之锢人，难于自知如此。

——《陆九渊全集》卷一《与胡季随》

◎释义

个人的偏见会禁锢人的思想，难的是自己发觉这件事。

◎原句

与朋友切磋，贵乎中的，不贵泛说。

——《陆九渊全集》卷三十五《语录下》

◎释义

和朋友互相研讨学问，重在点明要害，不重在泛泛而谈。

◎原句

辩难有要领，言辞有指归，为辩而失要领，观言而迷指归，皆不明也。

——《陆九渊全集》卷二《与朱元晦》

◎释义

辩论要掌握关键，说的话要有主旨意图。如果辩论没有掌握关键，或因留意观察别人的话语而迷失了主旨意图，都是不明智的。

第八章

为政篇

◎原句

惟天下之至一，为能处天下之至变；惟天下之至安，为能处天下之至危。

——《陆九渊全集》卷三十五《语录下》

◎释义

只有天下高度的和谐一致，才能处理天下的大乱；只有天下极其安定，才能处理天下极度的危难。

◎原句

民心有赖，实为无穷之利。

——《陆九渊全集》卷十八《与庙堂乞筑城札子》

◎释义

民心得以安定和有了依靠，这确实带来了无穷无尽的利益。

◎原句

民之弗率，吏之责也；吏之不良，君之责也。

———《陆九渊全集》卷十九《宜章县学记》

◎释义

老百姓不服从，是官吏的责任；官吏不好，是君主的责任。

◎原句

天之生物，自足以供一世之用，天之生才亦犹是也。古之兴王未尝借才于异代，而后世常患人才之不足。

———《陆九渊全集》卷二十四《策问》

◎释义

上天创造万物，自然足够一个时代的使用，上天准备的人才也是这样。古代励精图治的君主并没有向别的朝代去借人才来用，而后世却常常忧虑人才短缺。

◎原句

人才之不如古，其故安在？抑果未尝无才，而独上之所以取而用之者未至耶？

——《陆九渊全集》卷二十四《策问》

◎释义

人才不如古代，其中原因在哪里？还是说，不是真的没有人才，而仅仅是上级选取、使用人才方面没有达到应有的水平？

◎原句

德之宜为诸侯者为诸侯，宜为大夫者为大夫，宜为士者为士，此之谓势与道合。后世反此，贤者居下，不肖者居上，夫是之谓势与道离。

——《陆九渊全集》卷三十四《语录上》

◎释义

品德适合当诸侯的人当诸侯，适合当大夫的人当大夫，适合为士的人为士，这就叫事情发展的趋势与自然规律相符合。后世与此正好相反：有才有德的人被置于下层，无才无德的人被置于上层，这就叫事情发展的趋势与自然规律相背离。

◎原句

势与道合则是治世，势与道离则是乱世。

——《陆九渊全集》卷三十四《语录上》

◎释义

事情发展的趋势与自然规律相符合就是和平昌盛的时代，事情发展的趋势与自然规律相背离便是混乱不安定的时代。

◎原句

民有余而取，国有余而予。

——《陆九渊全集》卷三十《刘晏知取予论》

◎释义

老百姓富裕了国家可以向他们征收税赋，国家富足了就应给百姓发放福利。

◎原句

士庶人有德，能保其身；卿大夫有德，能保其家；诸侯有德，能保其国；天子有德，能保其天下。

——《陆九渊全集》卷二十二《杂说》

◎释义

普通百姓有好品德能保证自身的安全，贵族有好品德能保证家庭的安全，各国国君有好品德能保国家的安全，君主有好品德能保证天下的安全。

◎原句

天生民而立之君，使司牧之。故君者，所以为民也。

——《陆九渊全集》卷二十二《杂说》

◎释义

上天为了老百姓过得好才立了君主，让他们教导、保护老百姓。所以君主是为老百姓服务的。

◎原句

取而伤民，非知取者也；予而伤国，非知予者也。

——《陆九渊全集》卷三十《刘晏知取予论》

◎释义

向老百姓收取税赋却损害了他们正常的利益，不是明智的收取行为；给老百姓发放福利却损害了国家的利益，不是明智的发放行为。

◎原句

宇宙无际，天地开辟，本只一家。

——《陆九渊全集》卷十三《与罗春伯》

◎释义

宇宙无边无际，自从盘古开天辟地以来，天下人就是一家人。

第九章

处世篇

◎原句

凡事只看其理如何，不要看其人是谁。

——《陆九渊全集》卷三十五《语录下》

◎释义

评判任何事情只看它的理是否正确，不要看是什么人做的。

◎原句

铢[①]铢而称，至石[②]必谬；寸寸而度，至丈必差。

——《陆九渊全集》卷十《与詹子南》

◎释义

一铢一铢地称，称到一石一定会有差错；一寸一寸地量，量到一丈一定会有出入。

---

① 铢：古代重量单位，1两的1/24。

② 石（dàn）：古书亦读 shí。这里为古代重量单位，30斤（古代标准）为1钧，4钧为1石，即120斤（古代标准）为1石。

◎原句

事理有未明，则不容不疑，思索之，问辨之，则疑有时而释矣。

——《陆九渊全集》卷十《与詹子南》

◎释义

事情或道理有不明白的，就得去怀疑它，就要想一想、问一问、辨一辨，这样疑惑有时就能得到解除了。

◎原句

假令贵为公相，富等崇、恺，而人无义理，正为家替。

——《陆九渊全集》卷十二《与刘伯协》

◎释义

假使地位尊贵如公卿宰相，财富丰厚堪比石崇、王恺，但人不守礼义，家族很快就会衰败。

◎原句

宇宙不曾限隔人，人自限隔宇宙。

——《陆九渊全集》卷三十四《语录上》

◎释义

宇宙并不阻隔人们对它的接触和认识，只是人们自己限制了自己接触和认识宇宙。

◎原句

世人只管理会利害，皆自谓惺惺，及他己分上事，又却只是放过。争知道名利如锦覆陷阱，使人贪而堕其中，到头只赢得一个大不惺惺去。

——《陆九渊全集》卷三十四《语录上》

◎释义

一般的人只知道处理那些与自己有利害关系的事情，都以为这才是聪明机灵，至于他职责范围内的事情，却全部放在一边不管。他们怎么知道，名利就像是用绸缎遮掩的陷阱，引发人的贪婪而让人堕落其中，到头来赢得的只不过是一个非常不聪明、不机灵的名声罢了。

◎原句

资禀之高者，义之所在，顺而行之，初无留难。其次义利交战，而利终不胜义，故自立。

——《陆九渊全集》卷三十四《语录上》

◎释义

天资禀赋高的人，只要是"义"所在的方向，就顺"义"去实践，一开始就不会感到困难。天资禀赋较次的人，"义"与"利"在他心中纠缠相争，最后"利"终究不能战胜"义"，所以也能自立。

◎原句

不得明师良友剖剥，如何得去其浮伪而归于真实？又如何得能自省、自觉、自剥落？

——《陆九渊全集》卷三十五《语录下》

◎释义

没有明师良友帮忙剖析，人怎么能去掉虚伪而回归真实呢？又怎么能够自我反省、自我觉察、自我改正错误呢？

◎原句

某观人不在言行上，不在功过上，直截是雕出心肝。

——《陆九渊全集》卷三十五《语录下》

◎释义

我观察一个人并不看他的言论行动，也不看他的功劳和过错，而是直接洞察他的内心。

◎原句

君子义以为质，得义则重，失义则轻，由义为荣，背义为辱。

——《陆九渊全集》卷十三《与郭邦逸》

◎释义

君子的本质在于坚守道义，遵从道义别人便会尊重你，丧失道义别人便会轻视你，因为讲道义是光荣的，背信弃义是可耻的。

◎原句

人各有所长，就其所长而成就之。

——《陆九渊全集》卷三十五《语录下》

◎释义

每个人都有自己的长处，利用他们的长处使他们取得成功。

◎原句

要常践道，践道则精明。一不践道便不精明，便失枝落节。

——《陆九渊全集》卷三十五《语录下》

◎释义

要经常践行道，在实践中人会变得机警聪明。一旦不践行道，人就会变得不机警聪明，便会导致失误或出错。

◎原句

做得工夫实，则所说即实事。

——《陆九渊全集》卷三十五《语录下》

◎释义

一个人做事细致实在，那么他所说的就是实实在在的事情。

◎原句

凡事不得胡乱轻易了，又不得与低底下，后遇敌手便惯了，即败。狮子捉象捉兔，皆用全力。

——《陆九渊全集》卷三十五《语录下》

◎释义

不管做什么事都不能马虎随便，也不要与比自己棋艺差的人对弈，以免以后遇见对手也习惯性轻敌，就一定会失败。狮子不管是捉大象还是捉兔子，都是用尽全力的。

◎原句

譬如行千里，自一步积之，苟不已，无不至，但患不行耳。

——《陆九渊全集》卷四《与符舜功》

◎释义

要像走一千里路一样，从第一步开始积累，只要不停步，没有到达不了的，就担心不走啊。

◎原句

人之取善，岂有定方？善之所在，虽路人之言，臧获①之智，皆当取之。

——《陆九渊全集》卷四《与彭世昌》

◎释义

人们追求善，哪里有固定的方法？善存在于各处，即便是过路人的言语里、奴婢的见识中都有所蕴含，都应当被采纳和学习。

———————

① 臧获（zāng huò）：古代对奴婢的贱称。

◎原句

好人者，非好其人也，好其仁也；恶人者，非恶其人也，恶其不仁也。

——《陆九渊全集》卷十四《与侄孙濬》

◎释义

喜欢一个人，不是喜欢他本人，而是喜欢他所具有的仁爱之心；讨厌一个人，不是讨厌他本人，而是讨厌他没有仁爱之心。

◎原句

古人但问是非邪正，不问自家他家。

——《陆九渊全集》卷十三《与罗春伯》

◎释义

古人只问是正确还是错误，是邪僻还是正派，不问是与自己关系亲近的人还是与自己关系疏远的人。

◎原句

一择交，二随身规矩，三读古书《论语》之属。

——《陆九渊全集》卷三十四《语录上》

◎释义

第一要选择朋友，第二要时刻遵守为人处世的规矩，第三要读《论语》一类的古书。

◎原句

有可以形迹观者，有不可以形迹观者。必以形迹观人，则不足以知人；必以形迹绳人，则不足以救人。

——《陆九渊全集》卷三十三《象山先生行状》

◎释义

有的人可以通过外在的行为表现来观察评价，有的人则不能通过这些来观察评价。如果一定要通过外在的行为表现来观察一个人，那么就不足以深入了解他；如果一定要通过外在的行为表现来衡量评判一个人，那么就难以真正挽救他。

◎原句

流俗之所谓胜者，岂足为胜？流俗之所谓负者，岂足
为负？

——《陆九渊全集》卷十四《与张德清》

◎释义

普通人所说的赢，难道真是赢吗？普通人所说的输，难道
真是输吗？

◎原句

自明然后能明人。

——《陆九渊全集》卷三十四《语录上》

◎释义

先要了解自己，然后才能了解别人。

◎原句

事之至难，莫如知人；事之至大，亦莫如知人。

——《陆九渊全集》卷十八《删定官轮对札子》

◎释义

事情再困难，没有比了解一个人更困难；事情再重要，也没有比了解一个人更重要。

◎原句

不可自暴、自弃、自屈。

——《陆九渊全集》卷三十五《语录下》

◎释义

不应该自己看不起自己、自己放弃自己、自己委屈自己。

◎原句

见人不是，必推恻隐之心委曲劝谕之，不可则止。

——《陆九渊全集》卷三十五《语录下》

◎释义

看见别人有不对的地方，一定要怀着恻隐之心，委婉地劝导他，他实在不接受，那就算了。

◎原句

人不可以无所主，尤不可以主非其所主。

——《陆九渊全集》卷三十二《主忠信》

◎释义

人不能没有自己的主张，尤其不能坚持错误的主张。

◎原句

古人缨绝肘见，不以为病，累日不火食，歌声若出金石。

——《陆九渊全集》卷十《与路彦彬》

◎释义

古代的人戴上帽子便扯断了帽带，拉过衣襟却露出了手臂，但他们不认为这有什么不好；即使几天不吃熟食，他们的高歌声仍然像金石相击那样清脆悦耳。

◎原句

言而无稽，往哲以为不足听；事不师古，昔贤以为非所闻。

——《陆九渊全集》卷三十二《取二三策而已矣》

◎释义

说话没有根据，古代思想家会认为这样的话不值得听；做事不学习前人经验，过去的贤人会认为这样的做法他们未曾听说。

◎原句

天下若无着实师友，不是各执己见，便是恣情纵欲。

——《陆九渊全集》卷三十五《语录下》

◎释义

天下如果没有真诚务实的良师益友，那么人们不是各人坚持各人的看法，就是放纵欲望，无所顾忌。

◎原句

人共生乎天地之间，无非同气。扶其善而沮其恶，义所当然。

——《陆九渊全集》卷三十四《语录上》

◎释义

人与人共同生活在同一个世界里，无不是由同样的气构成的。扶持善的气，阻遏恶的气，是理所当然的事。

◎原句

古人不求名声，不较胜负，不恃才智，不矜功能，故通体皆是道义。

——《陆九渊全集》卷七《与包显道》

◎释义

古代人不追求名声，不计较胜负得失，不依仗才能智慧，不夸耀功劳本领，因此一言一行都体现着道义。

◎原句

若真是道义，则无声名可求，无胜负可较，无才智可恃，无功能可矜。

——《陆九渊全集》卷七《与包显道》

◎释义

如果真正遵循道义，那么便没有名声值得追求，没有胜负得失值得计较，没有才能智慧值得依仗，没有功劳本领值得夸耀。

◎原句

遏恶扬善，举直错枉，乃宽德之行也。

——《陆九渊全集》卷五《与辛幼安》

◎释义

制止邪恶，弘扬美好；提拔正直的人，废置邪恶的人，这是具有高尚品德的行为。

◎原句

公见善未尝不喜，而称道不浮其实；见恶未尝不恶，而指摘不加其罪。

——《陆九渊全集》卷二十八《陆修职墓表》

◎释义

他见到善行没有不高兴的，但称赞从不夸大其词；见到恶行没有不厌恶的，但指责时也不会妄加罪名。

◎原句

两益之辞无所和，一切之论无所取，疑似之迹不轻实，流传之事不轻据。

——《陆九渊全集》卷二十八《陆修职墓表》

◎释义

对于双方均有益的言辞不轻易附和一方，对片面绝对的言论不轻易采纳，对似是而非的迹象不轻易相信，对流传未证的事情不轻易作为依据。

◎原句

善制事者，常令其利在我，其患在彼，不善者反之。

——《陆九渊全集》卷十八《与庙堂乞筑城札子》

◎释义

善于处理事务的人，常常设法使自己处于有利地位，将困难及风险留给对手；不善于处理事务的人则弄反了。

◎原句

　　由是而仕，必皆共^①其职，勤其事，心乎国，心乎民，而不为身计，其得不谓之君子乎。

——《陆九渊全集》卷二十三《白鹿洞书院讲义》

◎释义

　　由此而步入仕途的人，必定都会忠于职守，勤于政务，心系国家，关心百姓，不计较个人得失，这样的人，难道不能称他为君子吗？

◎原句

　　所贵乎玉者，瑕瑜不相掩也。

——《陆九渊全集》卷十九《荆国王文公祠堂记》

◎释义

　　玉之所以被珍视，是因为玉的瑕疵与光彩都显而易见，不会互相掩盖。

---

　　① 共：通"供"，"担任"的意思。

◎原句

为善为公，心之正也；为恶为私，心之邪也。

——《陆九渊全集》卷二十《赠金溪砌街者》

◎释义

做好事、为公众利益着想，这是心灵正直的表现；做坏事、只谋私利，这是心灵邪恶的表现。

◎原句

为善为公，则有和协辑睦之风，是之谓福；为恶为私，则有乖争陵犯之风，是之谓祸。

——《陆九渊全集》卷二十《赠金溪砌街者》

◎释义

做好事、为公众利益着想，就会形成和睦互助的良好风气，这是真正的幸福；做坏事、只谋私利，就会导致钩心斗角、争夺侵犯的败坏风气，这是真正的灾祸。

◎原句

若论不舍一法，则虎穴魔宫实为佛事，淫房酒肆尽是道场。

——《陆九渊全集》卷二《与王顺伯》

◎释义

如果说到不放弃任何一种法门，那么即使是老虎的洞穴、魔鬼的宫殿也能成为修行佛法之所，淫秽的场所和酒馆也都可以是修行的道场。

◎原句

以铢①称寸量之法绳古圣贤，则皆有不可胜诛之罪，况今人乎？

——《陆九渊全集》卷十七《与致政兄》

◎释义

用铢称、用寸量的方法极精细地衡量考察古代的圣贤，那么他们都有难以尽数的罪过，何况现在的人呢？

---

① 铢：古代重量单位，1两的1/24。

◎原句

后世人君亦未尝不欲辨君子小人，然卒以君子为小人，以小人为君子者，寸寸而度，铢铢而称之过也。

——《陆九渊全集》卷十七《与致政兄》

◎释义

后世的君主也并不是不想分辨君子和小人，然而最后把君子当成了小人，把小人当成了君子的原因，就是他们像一寸一寸地量东西、一铢一铢地称东西一样过于精细地衡量，反而做出了错误的判断。

◎原句

君子所为，不问其在人在己，当为而为，当言而言，人言之与吾言一也。

——《陆九渊全集》卷十七《与致政兄》

◎释义

君子做事，不问这件事是对自己有利还是对别人有利，应当做就做，应该说就说，只要是对的，别人说和我说是一样的。

附录

解读"《六经》注我！我注《六经》？"

叶 航

《六经》是指经过孔子整理而传授的 6 部先秦古籍的合称，即《诗经》《书经》《仪礼》《易经》《乐经》和《春秋》。

一直以来，学界认为陆九渊不主张著书，其根据为陆九渊自己所说："《六经》注我！我注《六经》？"① 陆九渊逝世后，南宋江东提刑赵彦悈在贵溪象山（原名应天山）重修象山精舍，并在《重修象山精舍》序文中转述陆九渊的话时说："《六经》当注我，我何注《六经》？"② 他在陆九渊的原话里添了一个"当"、一个"何"字，将陆九渊这句话的意思表达得更加清楚明白。

陆九渊对《六经》的评价是相当高的，他曾说："然《六经》之文、先秦古书，自汉而视之已不可及。"③ "读书则自《孝经》、《论语》以及《六经》、子史，属文则自诗……"④ 那如何理解他说的"学苟知

---

① 陆九渊:《陆九渊全集》卷三十四《语录上》，叶航点校，上海古籍出版社，2022，第 496 页。

② 陆九渊:《陆九渊全集》卷三十六《年谱》，第 648 页。

③ 陆九渊:《陆九渊全集》卷二十四《策问》，第 364 页。

④ 陆九渊:《陆九渊全集》卷二十四《策问》，第 370 页。

本,《六经》皆我注脚"①和"《六经》注我！我注《六经》？"呢？首先必须明确指出的是，"《六经》皆我注脚""《六经》注我！"句子里的"我"不是指陆九渊个人。陆九渊曾跟学生说："建安亦无朱晦翁，青田亦无陆子静。"②说明陆九渊与朱熹二人的论辩是为了道，而不是为了个人。这句话是陆九渊反对突出个人作用的一种声明。而"我注《六经》？"里的"我"才是指陆九渊本人。

一、"学苟知本，《六经》皆我注脚"和"《六经》注我！"

对"学苟知本，《六经》皆我注脚""《六经》注我！"这两句话，人们往往感到很难理解，甚至有人认为陆九渊这样说有点狂傲。《六经》早已成书，怎么可能注释南宋时期的陆九渊呢？其实，陆九渊这里所说的"我"，是指在他笔下出现多次的"吾道"。

陆九渊曾说："孟氏没，吾道不得其传。"③"李白、杜甫、陶渊明皆有志于吾道。"④"有大贤者出，吾道其兴矣夫！"⑤"正大之气当塞宇宙，则吾道有望！"⑥……陆九渊说的"吾道"是孔子所说的"吾道一以贯之"的"吾道"，是孟子所说的"夫道，一而已矣"的"道"，是陆九渊"远承孟子"并进一步完善和发扬的心学思想，更是被陆九渊身后三百余年的王阳明发扬光大的陆王心学。如果从孔子往上追溯，陆九渊的"吾道"还是"有物混成，先天地生。寂兮寥兮，

① 陆九渊：《陆九渊全集》卷二十四《策问》，第491—492页。

② 陆九渊：《陆九渊全集》卷三十四《语录上》，第496页。

③ 陆九渊：《陆九渊全集》卷三十五《语录下》，第584页。

④ 陆九渊：《陆九渊全集》卷三十四《语录上》，第509页。

⑤ 陆九渊：《陆九渊全集》卷三十五《语录下》，第584页。

⑥ 陆九渊：《陆九渊全集》卷六《与傅全美》，第96页。

独立而不改，周行而不殆，可以为天地母。吾不知其名，字之曰道"①的"道"，是"唐虞之际，道在皋陶；商周之际，道在箕子"②的"道"。进而，陆九渊说："天之生人，必有能尸明道之责者，皋陶、箕子是也。"③圣人肩负着明道的责任，对天地万物诞生时就存在的道进行挖掘、整理、宣传和弘扬，一代一代继承、发扬并不断有新的发现。正如陆九渊所说："自古圣贤发明此理，不必尽同。如箕子所言有皋陶之所未言，夫子所言有文王、周公之所未言，孟子所言有吾夫子之所未言，理之无穷如此。"④以此类推，陆九渊所言有孟子之所未言，王阳明所言有陆九渊之所未言。千百世之后，也许还会出现某位"圣人"所言有王阳明之所未言……

　　《六经》里有大量的段、篇、章所阐述的就是"吾道"。陆九渊在自己写的书信和文章里，引用了《六经》中的很多典故来解说自己的心学思想，如《诗经》中的"庶几夙夜，以永终誉"（日日夜夜谨慎勤勉，始终保持着美好的声誉）⑤和"靡不有初，鲜克有终"（没有一件事情不是有好的开端，却很少有能够坚持到底的）⑥；《尚书》中的"知之非艰，行之惟艰"（知道一件事不艰难，实行一件事才很难）⑦及"人之彦圣，其心好之，不啻若自其口出"（别人有才德，他

---

　　①　《道德经》第二十五章。

　　②　陆九渊：《陆九渊全集》卷三十四《语录上》，第491页。

　　③　陆九渊：《陆九渊全集》卷三十四《语录上》，第491页。

　　④　陆九渊：《陆九渊全集》卷三十四《语录上》，第495页。

　　⑤　陆九渊：《陆九渊全集》卷十一《与吴子嗣》，第181页。

　　⑥　陆九渊：《陆九渊全集》卷三《与曹立之》，第51页。

　　⑦　陆九渊：《陆九渊全集》卷三《与曹立之》，第51页。

心里喜欢此人，超过了他口头对此人的赞扬）①；《礼记》中的"心诚求之，虽不中，不远矣"（内心真诚地去追求，即使没到达目标，离目标也不远了）②及"人生而静，天之性也；感于物而动，性之欲也"（人生来沉静，这是人的先天禀性；由外界事物的影响而生出不同的感受，这是天性的一种本能）③；《易经》中的"善不积不足以成名"（不做大量有益的事情就不会声誉卓著）④及"不言而信，存乎德行"（不说话就能够使人们信服，这都存在于自身的德行之中）⑤；等等。

陆九渊的得意门生杨简对"《六经》注我！"有具体的解说：

> 《关雎》求淑女以事君子，本心也；《鹊巢》昏礼天地之大义，本心也；《柏舟》忧郁而不失其正，本心也；《鄘·柏舟》之矢言靡它，本心也。由是心而品节焉，《礼》也；其和乐，《乐》也；得失吉凶，《易》也；是非，《春秋》也；达之于政事，《书》也。⑥

杨简指出《诗经》是本心的发用，并列举《关雎》《鹊巢》和《邶风》和《鄘风》中的《柏舟》以表明《诗经》是本心的流露，他同时指出《仪礼》《乐经》《春秋》《易经》分别是心之品节、心之和乐、心之是非和心之得失凶吉变化的表示，而《书经》也是心之达

---

① 陆九渊：《陆九渊全集》卷十一《与吴子嗣》，第183页。

② 陆九渊：《陆九渊全集》卷三《与刘深甫》，第43页。

③ 陆九渊：《陆九渊全集》卷三十四《语录上》，第492页。

④ 陆九渊：《陆九渊全集》卷六《与傅子渊》，第97页。

⑤ 陆九渊：《陆九渊全集》卷十一《与吴子嗣》，第180页。

⑥ 杨简：《杨简全集》卷一《诗解序》，董平校点，浙江大学出版社，2015，第1845—1846页。

于政事。

王阳明对陆九渊的"《六经》注我！"也做了进一步的解说：

> 《六经》者非他，吾心之常道也。故《易》也者，志吾心之阴阳消息者也；《书》也者，志吾心之纪纲政事者也；《诗》也者，志吾心之歌咏性情者也；《礼》也者，志吾心之条理节文者也；《乐》也者，志吾心之欣喜和平者也；《春秋》也者，志吾心之诚伪邪正者也……故《六经》者，吾心之记籍也，而《六经》之实则具于吾心……[①]

他还说："盖四书、五经不过说这心体，这心体即所谓'道心'，体明即是道明，更无二。"[②]

王艮则认为"《六经》正好印证吾心"[③]"经道之间，印证吾心而已矣"[④]"《六经》者，吾心之注脚也"[⑤]。

可见，"吾道""吾心"与《六经》可以互为佐证，这便是"《六经》注我！"。因此，陆九渊告诉学生"学苟知本，《六经》皆我注脚"，意思是"做学问如果要探寻根本，《六经》里的很多话语都是我的思想阐述"。

---

① 王阳明：《王阳明全集》卷二《稽山书院尊经阁记》，线装书局，2012，第349页。

② 王阳明：《王阳明全集》卷一《语录》，第89页。

③ 王艮：《王艮全集》卷一《语录》，陈寒鸣编校，上海古籍出版社，2022，第8页。

④ 王艮：《王艮全集》卷一《语录》，第17页。

⑤ 王艮：《王艮全集》卷八《传纂》，第274页。

二、"我注《六经》?"

陆九渊紧接着"《六经》注我!"说的第二句话是:"我注《六经》?"

自从孔子整理并传授《六经》后,到南宋已有一千六七百年了,其间每个朝代都有很多学者在给《六经》做注解,但不乏有人是借《六经》来阐述自己的思想,从而产生了各人对《六经》的注解各不相同的现象。这就是陆九渊说的"《六经》既作,传注日繁"①"传注益繁,论说益多,无能发挥,而只以为蔽"②,所以陆九渊不想凑这个热闹。当学生问陆九渊读《六经》当先看何人解注?陆九渊认真回答说:"须先精看古注,如读《左传》则杜预注不可不精看。"③陆九渊推崇的魏晋时期著名政治家、军事家和学者杜预距南宋有八百余年,而对魏晋之后的一些著述,陆九渊则多有批评。在教学中,陆九渊曾说韩愈在还没有透彻领悟《六经》的内涵时便"注《六经》",因而说"韩退之是倒做,盖欲因学文而学道"④,并毫不客气地进一步指出,有些人不知道自己的学问没有达到一定的水平,不认为自己存在很多的弊病,而无知无畏,敢于著书——"彼惟不自知其学不至道,不自以为蔽,故敢于著书耳"⑤。就连热衷于注《六经》的朱熹,在解释《诗经》里的《关雎》时,都刻意减弱了孔子编该诗所表达的浓郁的男女情爱,转变为以德相配的"理性"态度,强行拉到后

---

① 陆九渊:《陆九渊全集》卷二十《序赠》,第306页。
② 陆九渊:《陆九渊全集》卷十九《贵溪重修县学记》,第298页。
③ 陆九渊:《陆九渊全集》卷三十四《语录上》,第507页。
④ 陆九渊:《陆九渊全集》卷三十四《语录上》,第496页。
⑤ 陆九渊:《陆九渊全集》卷十二《与赵咏道》,第198页。

妃之德上去以符合"经"的地位。

因此，陆九渊认为没必要去做"注《六经》"的无用功，甚至认为是起反作用。当有人问陆九渊"何不著书"时，陆九渊说了一句承上启下的话，即："《六经》注我！我注《六经》？""我注《六经》？"仅仅是针对学生所提"何不著书"而言，其实陆九渊在讲学及日常生活中的言行无不是在"注《六经》"。因为象山心学的真正载体不仅仅是文章和思辨，更是切身实践。陆九渊说"随身规矩不可失"①，王艮说"举手投足不敢忘"，他们都是以实际行为"注《六经》"。因为"今世行之，后世以为楷"（孔子语），前贤做的事是后人言行的模板。

中华书局在1980年出版的《陆九渊集》中第一次使用了现代汉语标点符号断句，该书给"《六经》注我"和"我注《六经》"所标注的标点符号为前逗号，后句号，即："《六经》注我，我注《六经》。"我认为，这仍然很难表达陆九渊说这话时所要表达的意思和语气，应改为："《六经》注我！我注《六经》？"前感叹号表示肯定，语气坚定；后问号为反问，表示否定，语气同样坚定。这两句话的含义便明白易解了。

三、"某素欲著论以明之"

纵观陆九渊一生，他并非主张不立文字，也不反对著述。据《陆九渊全集·年谱》记载，51岁时，"先生始欲著书，尝言诸儒说《春秋》之谬尤甚于诸经，将先作传。值得守荆之命而不果"②。

---

① 陆九渊：《陆九渊全集》卷三十五《语录下》，第568页。
② 陆九渊：《陆九渊全集》卷三十六《年谱》，第628页。

　　陆九渊一生留下的只有少量诗文，大部分是与师友、学生论学的书札和讲学的语录。这除了与他中年时"我注《六经》?"的想法有关外，还有一个更为重要的原因往往被人忽略，那就是他只活到54岁。

　　陆九渊在贵溪象山精舍主讲时，发现很多对《六经》注解的书错误频出，尤其是《春秋》这本书的注解出现的错误最多。陆九渊指出，东汉末年儒学家、经学大师"郑康成注书，枘凿最多"①，笑他的注解如同蹩脚的木匠拿着枘（方形的榫头）嵌入凿（圆形的洞眼），格格不入，并指出"解书只是明他大义，不入己见于其间，伤其本旨，乃为善解书。后人多以己意，其言每有意味，而失其真实，以此徒支离蔓衍，而转为藻绘也"②。最后，他告诫学生"注不可信"③。他甚至严厉批评"后世之论《春秋》者，多如法令，非圣人之旨也。观《春秋》、《诗》、《书》、《易》，经圣人手，则知编《论语》者亦有病"④，"《论语》中多有无头柄的说话，如'知及之，仁不能守之'之类……如'学而时习之'"⑤，认为没有将"不知所及、所守者何事……不知时习者何事"⑥说清楚。还有人将《诗经》里的"荡荡上帝"（君王放荡不守法治）注解为"天下荡荡"（所有的人放荡不守法制），陆九渊认为"序此尤谬可见者"⑦，"伊川解《比卦》'原筮'

---

　　① 陆九渊：《陆九渊全集》卷三十六《年谱》，第624页。
　　② 陆九渊：《陆九渊全集》卷三十六《年谱》，第625页。
　　③ 陆九渊：《陆九渊全集》卷三十六《年谱》，第624页。
　　④ 陆九渊：《陆九渊全集》卷三十六《年谱》，第625页。
　　⑤ 陆九渊：《陆九渊全集》卷三十四《语录上》，第491页。
　　⑥ 陆九渊：《陆九渊全集》卷三十四《语录上》，第491页。
　　⑦ 陆九渊：《陆九渊全集》卷三十五《语录下》，第574页。

作'占决卜度',非也"①。于是,陆九渊终于萌发了要给《六经》之一的《春秋》做注解,纠正他所发现的林林总总的错误,"名分之说自先儒尚未能穷究,某素欲著论以明之"②。由此,他发生从没必要注《六经》到有必要注《六经》的思想转变。但这时皇帝下旨,将他调去湖北荆门担任镇守边防的知军,"注《六经》"的事只能搁置了。令人扼腕叹息的是,陆九渊在荆门才一年余,便积劳成疾病逝于任上。

虽然历史没有假设,但如果陆九渊能跟孔子一样活到七十多岁,那他留下的著述一定会很多。要知道孔子是在68岁之后才结束了十多年周游列国颠沛流离的生活,开始静下心来着手整理修订《六经》的。

由此可见,陆九渊著述很少,这并不仅仅是他个人的原因,更是无可奈何的天意。

---

① 陆九渊:《陆九渊全集》卷三十四《语录上》,第501页。
② 陆九渊:《陆九渊全集》卷十二《与刘伯协》,第211页。

解读"宇宙便是吾心，吾心即是宇宙"

叶　航

提起陆九渊的心学，人们第一感觉便是"抽象""玄"，往往敬而远之。尤其是谈到陆九渊的名言"宇宙便是吾心，吾心即是宇宙"①，人们更是感到很空泛。

其实陆九渊的心学道理并不深奥，只是人们想得太复杂了。陆九渊认为自己的哲学思想是"易简工夫终久大"②，并说"圣人教人只是就人日用处开端"③。他在教学中曾经跟学生交流："天下之理，将从其简且易者而学之乎？将欲其繁且难者而学之乎？若繁且难者果足以为道，劳苦而为之可也，其实本不足以为道，学者何苦于繁难之说。简且易者，又易知易从，又信足以为道，学者何惮而不为简易之从乎？"④

陆九渊曾批评当时的一种现象："然此道本日用常行，近日学者却把作一事，张大虚声，名过于实，起人不平之心，是以为道学之说者，必为人深排力诋。此风一长，岂不可惧？"⑤

---

① 陆九渊：《陆九渊全集》卷二十二《杂著》，第 339 页。
② 陆九渊：《陆九渊全集》卷二十五《诗》，第 375 页。
③ 陆九渊：《陆九渊全集》卷三十五《语录下》，第 535 页。
④ 陆九渊：《陆九渊全集》卷三十四《语录上》，第 524 页。
⑤ 陆九渊：《陆九渊全集》卷三十五《语录下》，第 541 页。

其实，只要静下心来认真研读陆九渊文集，将相关的论述进行梳理，便可理解"宇宙便是吾心，吾心即是宇宙"这句话里富有哲理且浅显易懂的含义。

一、陆九渊的"宇宙"观

"宇宙便是吾心，吾心即是宇宙"是陆九渊最有名的一句话。这句话里有两个关键词——"宇宙"和"心"。"宇宙便是吾心"，将"宇宙"和"吾心"画了等号，而紧接着下一句话"吾心即是宇宙"几乎是第一句话的重复，"即是"比"便是"更铿锵有力，起强调作用。为了弄清楚"宇宙便是吾心，吾心即是宇宙"的意思，首先必须弄清楚陆九渊对"宇宙""心""吾心"的理解，如果把我们现代人的宇宙观强加到陆九渊的话语里，则走入了误区。陆九渊的宇宙观与我们现代人的宇宙观有相同的地方，更有不同的地方。

陆九渊4岁时便问父亲"天地何所穷际"[①]？可见，这时"宇宙"已在幼小的陆九渊脑海里形成了一个雏形，并一直记在心里。到13岁的时候，陆九渊看到先秦留下的古书《尸子》对"宇宙"的解释："四方上下曰宇，往古来今曰宙。"[②]方才明白东南西北和天地之间的空间就是"宇"，古往今来的时间就是"宙"。可见陆九渊的宇宙观受时代的影响而存在一定的局限性。

二、"宇宙"与"道""理"

随着年龄的增长和对"道""理"的深入探索，陆九渊认为："东海有圣人出焉，此心同也，此理同也。西海有圣人出焉，此心同也，

---

① 　陆九渊：《陆九渊全集》卷三十六《年谱》，第594页。
② 　陆九渊：《陆九渊全集》卷三十六《年谱》，第596页。

此理同也。南海、北海有圣人出焉，此心同也，此理同也。千百世之上有圣人出焉，此心同也，此理同也。千百世之下有圣人出焉，此心同也，此理同也。"① 这段话里的东海、西海、南海、北海就是"四方上下"空间的"宇"，千百世之上和千百世之下就是"往古来今"时间的"宙"。在陆九渊的心学思想中，"道""理"跟"宇宙"紧密联系在一起了。此后，"宇宙"一词在陆九渊笔下出现了不下40次，且多次强调"道"和"理"充满了整个宇宙，如"道塞宇宙，非有所隐遁，在天曰阴阳，在地曰柔刚，在人曰仁义"②"此道充塞宇宙，天地顺此而动"③"此理在宇宙间，固不以人之明不明、行不行而加损"④"此理乃宇宙之所固有"⑤"充塞宇宙无非此理"⑥……

"此理之大，岂有限量？程明道所谓有憾于天地，则大于天地者矣，谓此理也"⑦。天地有所缺憾，而"道""理"没有缺憾。陆九渊的"宇宙"这个"容器"里装得满满的就是其大无边的"道""理"。"道""理"甚至溢出了他认识中的"宇宙"，比天地还要大。

三、"心"与"道""理"

陆九渊所说的"心"显然不是物质的"心"，而是意识的"心"，是精神、灵魂、思想，也就是他所强调的"本心"，即与生俱来的赤子之心。

---

① 陆九渊：《陆九渊全集》卷三十三《象山先生行状》，第 483 页。
② 陆九渊：《陆九渊全集》卷一《与赵监》，第 12 页。
③ 陆九渊：《陆九渊全集》卷十《与黄康年》，第 165 页。
④ 陆九渊：《陆九渊全集》卷二《与朱元晦》，第 32—33 页。
⑤ 陆九渊：《陆九渊全集》卷二《与朱元晦》，第 35 页。
⑥ 陆九渊：《陆九渊全集》卷二《与朱元晦》，第 36 页。
⑦ 陆九渊：《陆九渊全集》卷十二《与赵咏道》，第 201 页。

"道理无奇特，乃人心所固有"①，"道""理"不是从心外进入的，是根植于人心的。"道大无外"②"天下莫能载焉"③"道未有外乎其心者"④，无边无际的"道"不在心外，整个天下都装不下，却装在人的心里，此"心"大如"宇宙"。

　　总而言之，陆九渊认为"道"和"理"来源于人心的内在，来源于人的灵魂，是上天赐给每一个人的。因此，"理"又叫"天理"。陆九渊说："人皆有是心，心皆具是理，心即理也。"⑤在这里，陆九渊将"心"和"理"完全画了等号。"心即理"，心就是理，吾心是充满理的特殊空间，而另一个充满了与吾心中之理相同的理的空间——"宇宙"也就是"吾心"了。因此，"宇宙便是吾心，吾心即是宇宙"。

　　其实，清朝著名学者李绂（被梁启超称为"陆王学派最后一人"）对"宇宙便是吾心，吾心即是宇宙"已经作了诠释："宇宙是理所充塞，吾心亦是理所充塞。宇宙间此理，吾心中亦此理。故曰：'宇宙便是吾心，吾心便是宇宙。'"⑥

　① 陆九渊：《陆九渊全集》卷十四《与严泰伯》，第 230 页。
　② 陆九渊：《陆九渊全集》卷三十五《语录下》，第 587 页。
　③ 陆九渊：《陆九渊全集》卷三十五《语录下》，第 587 页。
　④ 陆九渊：《陆九渊全集》卷十九《敬斋记》，第 286 页。
　⑤ 陆九渊：《陆九渊全集》卷十一《与李宰》，第 186 页。
　⑥ 陆九渊：《陆九渊全集》卷二十二《杂说》，第 339 页。

象山心学浅谈

叶 航

陆九渊，字子静，号存斋，晚年号象山翁，江西抚州金溪人，南宋著名哲学家、教育家。他远承孟子的学说，并形成自成体系的哲学思想，时人称为"陆学""江西之学"，后人称之为"象山心学"。明代王阳明继承、完善、发扬了"陆学"，并集心学之大成，形成新的哲学体系，史称"陆王心学"。可以说，陆九渊是宋明两代心学鼻祖。

本文就"象山心学与贵溪的关系""象山心学与阳明心学的关系""象山心学与大道之学的关系"三个方面浅谈如下。

一、象山心学与贵溪的关系

南宋淳熙十四年（1187），陆九渊早期的学生彭世昌来到贵溪县（今鹰潭市辖区）上清镇应天山南麓张家村拜访老同学张行己、张伯强兄弟。一天，张氏兄弟带彭世昌在村后登山游玩，他们感叹于山中"陵高而谷邃，林茂而泉清"的自然环境，认为这里才是办学的好地方。当时，陆九渊因受朝廷政治排挤被冷落，安排在浙江台州担任闲职——祠禄官，几乎是赋闲在家。而这时的陆九渊非但没有失落感，反而雄心勃勃，打算创办书院招徒讲学。彭世昌与张氏兄弟商量，何不请先生来这里办学呢？

不久，陆九渊来应天山实地考察，他深深地爱上了这里，并写下了"我家应天山，山高数万丈。上开园池美，林壑千万状"①的诗句。由此，应天山有了一座书堂。

办学第二年，一天，陆九渊从家里返回山中书堂，走到上清河南岸，面对应天山，"顾视山形，宛然巨象"②。他突来灵感，将应天山改名象山。随后，陆九渊又将书堂改名象山精舍，并自号象山翁。南宋嘉熙三年（1239），朱熹的表侄祝穆编写了一本被后世誉为地理名著的《方舆胜览》，贵溪仅有象山和龙虎山被录入，书中介绍："象山、在贵溪县，以形得名。陆荆门九渊曩尝作书院其上，以待讲学之士，且以自号云。"③清初，大学问家顾祖禹用毕生精力写成的巨型历史地理著作《读史方舆纪要》，其中也收录了象山。书中介绍："象山，县西南七十里。初名应天山，宋陆九渊读书于此，山形如象，改今名。"④清康熙年间，朝廷重臣张廷玉等编写的《明史》收录了贵溪的象山、龙虎山、仙岩，书中介绍："贵溪府西。西南有象山……"

当时山中人来人往，一片欣欣向荣的教学场景。陆九渊写给侄孙的信中说"山间近来结庐者甚众"⑤。山上七八十名住校生都是自建简陋茅屋作住房。围绕着讲堂主体建筑的是随高就低星罗棋布的小茅屋。其中有间茅屋建在象山精舍东坞小山头上，因山上白云缭绕，

---

① 陆九渊：《陆九渊全集》附录三《陆九渊集外诗》，第 684 页。

② 陆九渊：《陆九渊全集》卷九《与王谦仲》，第 149 页。

③ 祝穆撰，祝洙增订：《方舆胜览》，施和金点校，中华书局，2003，第 318 页。

④ 顾祖禹：《读史方舆纪要》，贺次君、施和金点校，中华书局，2005，第 3967 页。

⑤ 陆九渊：《陆九渊全集》卷一《与侄孙濬》，第 15 页。

陆九渊给这间茅屋命名为"储云斋";有间茅屋建在溪边,泉水叮咚,犹如清脆悦耳的玉佩碰撞声,陆九渊则给它命名为"佩玉斋"。此外还有励志的"明德斋""志道斋""居仁斋"等。

陆九渊在山上教学纯粹是公益培训,他的妻子甚至将金银首饰卖掉支持丈夫的事业。学生有的自带大米,有的半耕半读。

陆九渊居山讲学 5 年,其心学思想走向成熟,也走向了心学文化传播的高峰。据《陆九渊全集》记载:"登山未久,友朋踵至,应酬殊役役"①"山间朋友云集"②"某居山虽未久,亦颇得英才"③"近有朋友裹粮千里而至者,皆勤勤不相舍"④"第诸生中有力者寡,为此亦良不易,未能多供人耳。今夏更去迭来,常不下百人,若一时俱来,亦未有著处"⑤。山上的条件实在艰苦,很难容纳更多的学生。前来拜访求教的人络绎不绝,"居山五年,阅其簿,来见者逾数千人"⑥。

当朱熹得知象山幽美的自然风光及办学盛况时,他写信给陆九渊表示由衷的祝贺与欣羡:"闻象山垦辟架凿之功益有绪,来学者亦益甚,恨不得一至其间,观奇览胜。"⑦

生活虽然窘迫,但教学其乐融融。人不堪其忧,陆九渊却不改其乐,并打算长期待在山中。陆九渊说:"吾春末归自象山,瓶无储粟,囊无留钱,不能复入山。近诸生聚粮除道,益发泉石,遣舆夫

---

① 陆九渊:《陆九渊全集》卷十一《与丰宅之》,第 193 页。
② 陆九渊:《陆九渊全集》卷十三《与郭邦逸》,第 215 页。
③ 陆九渊:《陆九渊全集》卷十三《与薛象先》,第 221 页。
④ 陆九渊:《陆九渊全集》卷七《与胥必先》,第 119 页。
⑤ 陆九渊:《陆九渊全集》卷一《与侄孙浚》,第 15 页。
⑥ 陆九渊:《陆九渊全集》卷三十六《年谱》,第 623 页。
⑦ 陆九渊:《陆九渊全集》卷三十六《年谱》,第 628 页。

相迎，始复为一登……倘得久于是山，何乐如之？"[①]"终焉之计于是决矣。"[②]陆九渊对贵溪知县陈显公说："傥得久于是山，以既厥事，是所愿幸。"[③]陆九渊的得意门生杨简在《象山先生行状》里说先生"从容讲道，咏歌怡愉，有终焉之意"[④]。

象山精舍的学生也认为在这里学习是非常快乐的事情。据《陆九渊全集》记载，邵武来的学生邱元寿说："天下之乐，无以加于此。"[⑤]

正像曾任清华大学校长的梅贻琦所说："所谓大学者，非谓有大楼之谓也，有大师之谓也。"清代著名史学家全祖望在《答张石痴征士问四大书院帖子》中说"岳麓、白鹿……东莱之丽泽，陆氏之象山，并起齐名，四家之徒遍天下"，他将象山精舍列为南宋四大书院之一。

陆九渊逝世38年后，江东提刑袁甫（陆九渊再传弟子）到象山寻访象山精舍，看到的竟然是一片破败。于是，他奏请朝廷，将象山精舍迁建于贵溪城南三峰山徐岩前，并将精舍由民办转为官办，改名象山书院。

清光绪二十八年（1902），在各省废书院、兴学堂的背景下，象山书院改为"贵溪县官立两等小学堂"（今贵溪市第二小学前身），为风雨沧桑七百余年的象山书院画上了句号。

① 陆九渊：《陆九渊全集》卷十四《与侄孙濬》，第238页。
② 陆九渊：《陆九渊全集》卷十三《与朱子渊》，第219页。
③ 陆九渊：《陆九渊全集》卷十一《与陈宰》，第185页。
④ 陆九渊：《陆九渊全集》卷三十三《象山先生行状》，第485页。
⑤ 陆九渊：《陆九渊全集》卷三十四《语录上》，第521页。

二、象山心学与阳明心学的关系

追根溯源，没有陆九渊的陆学，便没有王阳明的心学，这在中外学界已形成共识。

王阳明年轻的时候对朱熹理学和陆学都比较感兴趣，当他看到朱熹《近思录》的一句话——"众物必有表里精粗，一草一木，皆涵至理"时，便开始通过"格竹"，以探求其内在之理。结果几天下来，他不但毫无感悟，反而生了一场病。这时，他想起了陆九渊强调"非由外铄我也"①的理论，认为"以人之为学但当求之于内，而程朱格物之说不免求之于外"②。明正德十三年（1518），王阳明刻古本《大学》，便开始怀疑朱熹校注的《大学章句》，认为其中的内容不是圣人本旨，并为象山心学遭到冷落而打抱不平。他说："象山独蒙无实之诬，于今且四百年，莫有为之一洗者。"③于是，王阳明决心不惜"冒天下之讥，以为象山一暴其说，虽以此得罪，无恨"④。从此，他由研究朱熹的理学转而研究陆学，开始走上了心学之路。随着对心学的深入研究，王阳明认为"象山之学简易直截，孟子之后一人"⑤"濂溪（周敦颐）、明道（程颢）之后，还是象山。只是粗些"⑥。正是由于象山之学的"粗些"，才给了王阳明对陆学扬弃的选择和创新的空间，王阳明说："吾于象山之学有同者，非是苟同；其

---

① 出自《孟子·告子上》。

② 王阳明：《传习录》，姚彦汝译，北京联合出版公司，2015，第160页。

③ 王阳明：《王阳明全集》卷四《答徐成之壬午》，第142页。

④ 王阳明：《王阳明全集》卷四《答徐成之壬午》，第142页。

⑤ 王阳明：《王阳明全集》卷二《与席元山辛巳》，第281页。

⑥ 王阳明：《王阳明全集》卷一《传习录下》，第170页。

异者，自不掩其为异也。"①

三、象山心学与大道之学的关系

其实，用心学来概括陆学和阳明之学，这是不够全面的，甚至可以说是片面的。

陆九渊称自己的学说为"道"为"理"。"道"在陆九渊笔下出现次数极多，诸如"道塞宇宙"②"道者，天下万世之公理"③"道在天下，固不可磨灭"④。这个"道"就是老子说的"有物混成，先天地生。寂兮寥兮，独立而不改，周行而不殆，可以为天地母。吾不知其名，字之曰道"；是孔子说的"朝闻道，夕死可矣"的"道"；是孟子说的"夫道，一而已矣"的"道"；是陆九渊说的"唐虞之际，道在皋陶；商周之际，道在箕子"⑤的"道"。对西方文化产生广泛、深远影响的《圣经》也大谈其"道"，如《圣经·新约·约翰福音》里的"太初有道"（In the Beginning was the Word）。这些"道"与陆九渊的"道"都是"一而已矣"的道。

因此，可以说陆学是实学，是社会科学，具有普世价值。陆学聚焦在"本心"，本心就是赤子之心，是每个人与生俱来的那纯洁的心。陆九渊说："人性本善，其不善者迁于物也。"⑥随着婴儿成长环境的改变，心会受到来自不同方向、不同程度的影响和蒙蔽，甚至污

---

① 王阳明：《王阳明全集》卷二《答友人问丙戌》，第306页。
② 陆九渊：《陆九渊全集》卷一《与赵监》，第12页。
③ 陆九渊：《陆九渊全集》卷二十一《论语说》，第327页。
④ 陆九渊：《陆九渊全集》卷十八《删定官轮对札子》，第278页。
⑤ 陆九渊：《陆九渊全集》卷三十四《语录上》，第491页。
⑥ 陆九渊：《陆九渊全集》卷三十四《语录上》，第516页。

染，那么就需要洗心，恢复到原来纯洁善良的心，这就是"发明本心"。"发"在这里是"揭露、揭开"的意思，"明"是"使之明亮"的意思，"发明本心"就是去除蒙蔽在心上的遮盖物，让真善美的本心明亮起来。孟子则将本心比喻成路，天天有人走便成了一条金光大道；长时间没人走，便会长出很多的茅草，要将它恢复到金光大道，就要将路上的茅草清除干净，"茅塞顿开"本义就是"发明本心"。陆九渊说："人心有病，须是剥落。剥落得一番，即一番清明。后随起来，又剥落，又清明。须是剥落得净尽方是。"①这里的"剥落"就是"发"的意思，"清明"就是"明"的意思。在古今中外不同的文化中都含有同一个道理，那就是"发明本心"，如基督教的告罪，佛教的忏悔，儒家的"静坐常思己过"，曾参说的"吾日三省吾身"，都是"发明本心"。

陆九渊说："人心本来无事，胡乱被事物牵将去。"②。唐代宰相陆象先也说了类似的话："天下本无事，庸人扰之为烦耳。弟澄其源，何忧不简邪？"③

陆九渊说："人皆有是心，心皆具是理，心即理也。"④每个人都具有陆九渊所说的"本心"，每个人的本心里面都装满了陆九渊所说的"理"。此"心"是每个人每一天都会想到的心事，此"理"是人人经常能做到的常理，但"百姓日用而不知"⑤。

---

① 陆九渊：《陆九渊全集》卷三十五《语录下》，第565页。

② 陆九渊：《陆九渊全集》卷三十五《语录下》，第563页。

③ 出自《新唐书·陆象先传》。

④ 陆九渊：《陆九渊全集》卷十一《与李宰》，第186页。

⑤ 出自《易经·系辞上》。

大道至简，陆九渊进一步说："道理只是眼前道理，虽见到圣人田地，亦只是眼前道理。"①"君子之道，夫妇之愚不肖可以与知能行。"②"道非难知，亦非难行，患人无志耳。"③

关于"理"，陆九渊说得很具体："爱其亲者，此理也；敬其兄者，此理也；见孺子将入井，而有怵惕恻隐之心者，此理也；可羞之事则羞之，可恶之事则恶之者，此理也；是知其为是，非知其为非，此理也；宜辞而辞，宜逊而逊者，此理也；敬，此理也；义，亦此理也。"④并且，"理"在人心，"理"在天地之间。因此，"宇宙便是吾心，吾心即是宇宙"。

由此观之，"陆学"乃大道之学。

① 陆九渊：《陆九渊全集》卷三十四《语录上》，第491页。
② 陆九渊：《陆九渊全集》卷一《与邵叔谊》，第2页。
③ 陆九渊：《陆九渊全集》卷一《与任孙潘》，第17页。
④ 陆九渊：《陆九渊全集》卷一《与曾宅之》，第6页。

象山成语

叶 航

  成语是汉语言文化的精华，其中蕴藏着中华民族丰富的文化内涵。一个能产生成语的地方，一定有着底蕴深厚的文化；一位能首创成语的人，一定是文化大师。

  象山成语就是象山先生陆九渊首创的成语。作为宋明两代心学的鼻祖，陆九渊平生不喜著述，有限的书信、讲义和记之类大部分写于应天山，象山成语最早便出现在这些文章里，成为心学文化的一朵奇葩。翻开成语词典，我惊奇地发现了20多条最早出自陆九渊笔下的成语。

  【有志之士】 指有理想有抱负的人。出自《陆九渊全集》卷一《与曾宅之》："惟其生于后世，学绝道丧，异端邪说充塞弥满，遂使有志之士罹此患害，乃与世间凡庸恣情纵欲之人均其陷溺，此岂非以学术杀天下哉？"①

  【恣情纵欲】 无所节制地放纵情欲。出自《陆九渊全集》卷一《与曾宅之》："惟其生于后世，学绝道丧，异端邪说充塞弥满，遂使有志之士罹此患害，乃与世间凡庸恣情纵欲之人均其陷溺，此岂非

---

① 陆九渊：《陆九渊全集》，第5页。

以学术杀天下哉?"

【末节细行】 指无关大体的细小行为。出自《陆九渊全集》卷一《与曾宅之》:"古之所谓小人儒者,亦不过依据末节细行以自律,未至如今人有如许浮论虚说谬悠无根之甚……"①

【平心定气】 指心情平和,态度冷静。出自《陆九渊全集》卷三《与刘深甫》:"开卷读书时,整冠肃容,平心定气。"②

【曲学诐行】 做学问不入正道,行为奸邪不正。出自《陆九渊全集》卷三《与张辅之》:"古之所谓曲学诐行者,不必淫邪放僻,显显狼狈,如流俗人不肖子者也。"③

【义不容默】 从道义上讲不应沉默,理应直言。出自《陆九渊全集》卷五《与吕伯恭》:"苟有所怀,义不容默。"④

【污吏黠胥】 贪赃枉法的狡诈官吏。黠:狡诈;胥:小吏。出自《陆九渊全集》卷五《与赵子直》:"比来道路田亩皆鼓舞盛德,污吏黠胥颇亦敛戢……"⑤

【槌骨沥髓】 敲碎骨头,沥干骨髓。形容残酷的剥削。槌:敲打;沥:往下滴。出自《陆九渊全集》卷五《与辛幼安》:"而县邑之间,贪饕矫虔之吏,方且用吾君禁非惩恶之具,以逞私济欲,置民于囹圄、械系、鞭棰之间,残其支体,竭其膏血,头会箕敛,槌骨

---

① 陆九渊:《陆九渊全集》,第8页。
② 陆九渊:《陆九渊全集》,第43页。
③ 陆九渊:《陆九渊全集》,第45页。
④ 陆九渊:《陆九渊全集》,第77页。
⑤ 陆九渊:《陆九渊全集》,第88页。

沥髓，与奸胥猾徒厌饫咆哮其上。"①

【质妻鬻子】 将妻子和儿女卖掉。形容生活极为困苦。质：抵押。鬻：卖。出自《陆九渊全集》卷五《与辛幼安》："骧家破产，质妻鬻子，仅以自免……"②

【后生晚学】 指学识资历浅的年轻人。出自《陆九渊全集》卷六《与傅全美》："仙里年来向学者甚众，风习可尚，正赖长者不惮告教，使后生晚学得知前辈风采，谦冲就实，无徒长虚诞……"③

【诡谲怪诞】 形容十分离奇古怪。怪诞：奇异古怪。出自《陆九渊全集》卷六《与包详道》："一旦骇于荒唐缪悠之说，惊于诡谲怪诞之辞，则其颠顿狼狈之状可胜言哉？"④

【矜智负能】 夸耀自己的智慧和才能。矜：夸耀。出自《陆九渊全集》卷七《与包显道》："此理苟明，则矜智负能之人皆将失其窟宅……"⑤

【汲汲皇皇】 心情急切，举止匆忙。汲汲：急切的样子；皇皇：惶恐不安的样子。出自《陆九渊全集》卷七《与周元忠》："疑而后释，屯而后解，屯疑之极，必有汲汲皇皇，不敢顷刻自安之意，乃能解释。"⑥

【层峦叠嶂】 形容山峰多而险峻。层峦：山连着山；叠嶂：许多高险的像屏障一样的山。出自《陆九渊全集》卷九《与王谦仲》："方

---

① 陆九渊：《陆九渊全集》，第 91 页。
② 陆九渊：《陆九渊全集》，第 91 页。
③ 陆九渊：《陆九渊全集》，第 93 页。
④ 陆九渊：《陆九渊全集》，第 102 页。
⑤ 陆九渊：《陆九渊全集》，第 128 页。
⑥ 陆九渊：《陆九渊全集》，第 130 页。

丈檐间层峦叠嶂，奔腾飞动，近者数十里，远者数百里，争奇竞秀……"①

【志得意满】 志向达到，心意满足。出自《陆九渊全集》卷十二《与刘伯协》："当无道时，小人在位，君子在野，小人志得意满，君子厄穷祸患，甚者在囹圄，伏刀锯，投荒裔。"②

【播恶遗臭】 指所干恶事和坏名声，传播到远地或遗留给后世。出自《陆九渊全集》卷十二《与黄循中》："其在高位者，适足以播恶遗臭，贻君子监戒而已。"③

【奄然而逝】 忽然死去。奄然：忽然。出自《陆九渊全集》卷十三《与朱元晦》："比日不知何疾，一夕奄然而逝。"④

【炳如日星】 光明如同日月星辰。出自《陆九渊全集》卷十九《贵溪重修县学记》："二帝三王之书，先圣先师之训，炳如日星。"⑤

【寻幽探奇】 探寻幽深奇异的景物。出自《陆九渊全集》卷二十《题新兴寺壁》："轻舟危樯，笑歌相闻，聚如鱼鳞，列如雁行。至其寻幽探奇，更泊互进，迭为后先，有若偶然而相从。"⑥

【粗心浮气】 粗：粗疏；浮：浮躁。形容人办事不细心、浮躁。出自《陆九渊全集》卷二十六《祭吕伯恭文》："追惟曩昔，粗心浮气，徒致参辰，岂足酬义？"⑦

---

① 陆九渊：《陆九渊全集》，第 149 页。
② 陆九渊：《陆九渊全集》，第 211 页。
③ 陆九渊：《陆九渊全集》，第 212 页。
④ 陆九渊：《陆九渊全集》，第 226 页。
⑤ 陆九渊：《陆九渊全集》，第 298 页。
⑥ 陆九渊：《陆九渊全集》，第 313 页。
⑦ 陆九渊：《陆九渊全集》，第 383 页。

【高人逸士】 指人品清高脱俗、不贪慕虚名利禄的人。逸：隐逸。出自《陆九渊全集》卷二十八《黄氏墓志铭》："梁君去年尝游庐阜，其谈山水之胜，诵高人逸士之文，亹亹不倦。"[1]

【十字打开】 本义表示两条线相交时的开放状态，即两条线在交叉点处没有合并或封闭。比喻话说得很清楚或道理讲得很明白。出自《陆九渊全集》卷三十四《语录上》："孟子十字打开，更无隐遁，盖时不同也。"[2]

【人欲横流】 指社会风气败坏，人们放纵情欲，不顾道德正义。人欲：人的欲望嗜好；横流：泛滥的意思。出自《陆九渊全集》卷三十四《语录上》："后世人主不知学，人欲横流，安知天位非人君所可得而私？"[3]

源自《陆九渊全集》的成语作为一种独特的文化积淀，折射出哲人的思维方式和认知模式。在中华文明的传承中，象山成语已成为中国文化中富有活力的因子，它充盈着中华传统文化的每个细胞，值得我们学习和研究。

---

[1] 陆九渊：《陆九渊全集》，第 400 页。

[2] 陆九渊：《陆九渊全集》，第 495 页。

[3] 陆九渊：《陆九渊全集》，第 528 页。

后　记

　　5 岁那年（1968 年），我随母亲下放在贵溪城南象山大队（今贵溪市雄石街道象山村），居住在挂榜山南麓、须溪东岸的石泉金家。后来听母亲说"贵中"（贵溪第一中学前身）后面的三峰山下曾经办过象山书院，三峰山因而也叫"象山"，山下的行政区划便以"象山"命名。我读高中时，看到课本里有陆九渊的名言——"宇宙便是吾心，吾心即是宇宙"，很是惊喜，备感亲切。

　　2012 年，我被借调到贵溪市委宣传部，主要负责地方文史研究。每逢有领导或专家学者去象山书院遗址考察，市里都会安排我陪同讲解。我不得不加强对象山书院及象山心学的了解和学习。为此，我买来一本中华书局 1980 年出版的《陆九渊集》，仔细研读。

　　《陆九渊集》主要收有陆九渊写的书信、奏表、记、序赠、杂著、讲义、策问、诗、祭文、行状、墓志铭、程文、拾遗等，其《语录》部分为陆九渊弟子记录的先生讲课或教导学生的名言警句。在陆九渊亲笔撰写的文稿里，也有大量的富有哲理和教育意义的句子，这些共同构成了陆九渊心学思想的主要载体。

　　2017 年是象山书院创办 830 周年，贵溪市政府举办了象山心学学术论坛，请来全国著名专家学者齐聚一堂，贵溪一时掀起了"象山热"。会后，市领导叫我赶紧整理 365 条陆九渊名言出来，拟印制台历。当时，我对《陆九渊集》还在学习中，仓促之间要整理出几百条陆九渊名言警句，实在是难于上青天。

后来，经过对陆九渊文集历代刊刻版本的仔细研读，我居然看出了不少讹误。为此，我萌发了重新整理点校《陆九渊全集》的想法。2020 年，上海古籍出版社看中了我点校的《陆九渊全集》初稿，并买断该书版权。2022 年 1 月，上海古籍出版社出版了《陆九渊全集》繁体精装本，接着又于 2023 年 5 月出版了《陆九渊全集》简体平装本；2023 年 8 月，湖南岳麓书社出版了我编译的《陆象山用典》。在以上几本书的点校、编纂过程中，整理陆九渊名言对我可以说是水到渠成。

随着 2023 年年底象山书院重建工程基本竣工，我编译的《陆象山名言》也基本定稿。该书力求简明扼要，共 440 句名言，分成本心、道理、立志、自省、修身、为人、劝学、为政、处世 9 个篇章。在选取名言时，为简洁明了，只撷取原句精华部分，但不影响原句意思的阐述。另外，将本人对陆九渊名言中的经典——"《六经》注我！我注《六经》？""宇宙便是吾心，吾心即是宇宙"的解读，以及《象山心学浅谈》和《象山成语》附于书后。《陆象山名言》将为广大读者研读《陆九渊全集》提供辅助，让读者能够快速地对象山心学有个初步的了解。

值此象山书院重建竣工后准备对外开放之际，为弘扬象山心学文化，扩大和提升象山书院在省内外的影响力，我谨以《陆象山名言》(《陆象山用典》姊妹篇）的出版向象山书院重建开院献礼。

　　《陆象山名言》的出版得到中共贵溪市委、贵溪市人民政府、贵溪市委宣传部、贵溪市社会科学界联合会等单位主要领导的大力支持。同时得到中国哲学史学会理事、江西省中国哲学史学会会长、南昌大学教授杨柱才先生的关爱和指导，并为本书作序；中国书法家协会会员、江西省书法家协会副主席、鹰潭市书法家协会主席王晖先生为本书题签书名。在此一并致谢！

　　由于本人才疏学浅，《陆象山名言》原句的释义一定存在不妥之处，敬请各位专家学者和广大读者批评指正。

2024 年 10 月

于江西贵溪花园街道四冶社区石泉草堂

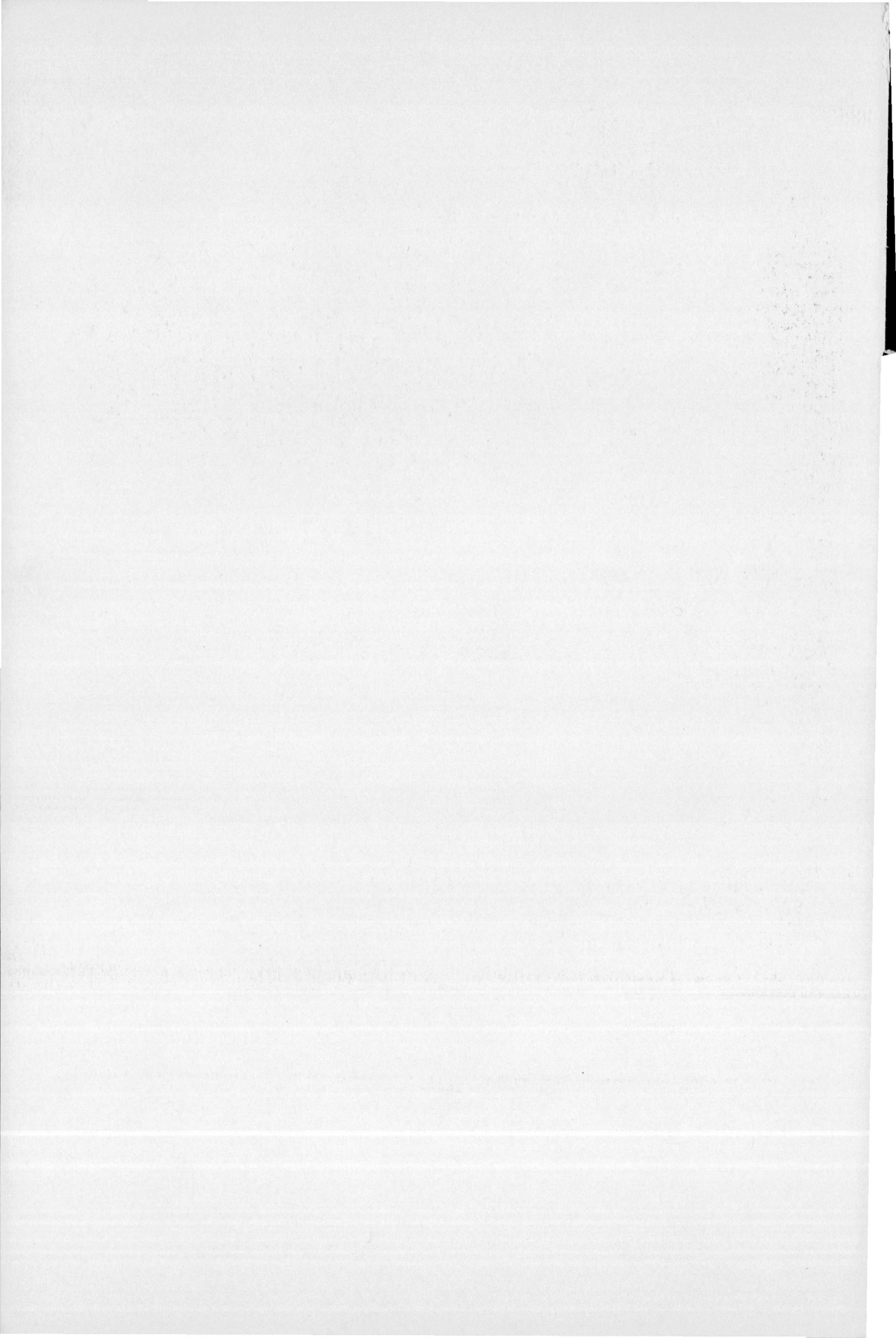